DUMONT

Ich heiße Christian. Die meisten nennen mich Yessica. Ich schreibe Musik, schreibe über Musik, schreibe über Menschen, die Musik machen, mache Musik, höre Musik, lege sie auf und lungere mit Leuten rum, die Gleiches oder Ähnliches tut. Ich bin Musikwerkstätiger in jedem Sinne, leicht über Vierzig, kinderlos glücklich, seit 25 Jahren in einer pausenlosen Dauerbeziehung mit wechselnden Partnerinnen. Und habe immer allein gewohnt. Bis vor zwei Jahren. Da kam Lili.

Dann fing mein Leben noch mal an.

YESSICA YETI ist Musiker, Medienschaffender, Moderator, Journalist, Rheinländer, Pop-Kolumnist, Werbetexter, Autor und Vater. Er lebt in Berlin. 1990 gründete er die Punkrock-Band YETI GIRLS. Neben seinen kultisch verehrten Kolumnen für *unclesally*s*, *Piranha* und *Greatest Berlin* verfasste er unzählige musikjournalistische Beiträge, Künstlerbiografien und die Tour-Retrospektive ›Zirkus‹ der Band MIA. Und dieses Buch.

YESSICA YETI

AUS DEM BAUCH HERAUS

Eine Autobabygrafie

DUMONT

Originalausgabe

Juli 2014

DuMont Buchverlag, Köln

Alle Rechte vorbehalten

© 2014 DuMont Buchverlag, Köln

Umschlaggestaltung: Lübbeke Naumann Thoben, Köln

Abbildungen Umschlagrückseite: © Yessica Yeti

Gesetzt aus der Arial MT

Druck und Verarbeitung: CPI books GmbH, Leck

Gedruckt auf säurefreiem und chlorfrei gebleichtem Papier

Printed in Germany

ISBN 978-3-8321-6264-1

www.dumont-buchverlag.de

FÜR DICH.
UND DICH.

Dies ist ein Buch über zwei Menschen, die ein Kind bekommen und keine Ahnung haben, wie das geht.

Für Menschen, die kein Buch darüber lesen möchten, wie zwei Menschen ein Kind bekommen und keine Ahnung haben, wie das geht.

Geschrieben von einem Mann, der heißt wie eine Frau, der aber ein Mann ist.

INHALT

SIEBEN

EINS

CHRISTIAN

Es gibt zahllose Wege, den richtigen Namen für sein Kind zu finden. Die meisten davon führen zu Ergebnissen, die dem Träger des Namens das Leben zur Hölle machen. Man nimmt sie aus Namensbüchern oder von Verwandten, aus Comics oder Pornofilmen. Einige von uns heißen wie ihre verhassten nassen Omas, andere wie fies frisierte Spitzensportler aus den 70ern. Es gibt Kinder, die heißen George, Paul, Ringo und John, andere Howard, Jason, Mark, Robbie und Gary. Schlimm genug! Aber was, wenn unsere Mutter der Kelly Family nachgereist ist oder Trekkie war? Oder einfach nur blöd?

Einige Menschen nennen Ihre Kinder nach dem Ort, an dem sie gemacht wurden. Kinder reiselustiger Eltern heißen dann Paris, Vienna oder San Diego. Die Kinder ärmerer Eltern Bielefeld, Steglitz oder Mazda. Hätten sich meine Eltern dieser Empfehlung angeschlossen, dann hieße ich Liebe. Meine Eltern behaupten, ich sei in Liebe gezeugt worden. Zwar bei schlechtem, unbeholfenem Sex und nicht zuletzt, weil nichts Ordentliches im Fernsehen lief, aber vor allem in inniger Liebe zweier Menschen, die sich schon vor dem dritten Jahrestag ihrer Paarung wieder trennen werden.

Die Trennung war wichtig. Sie wollten verhindern, dass der eine den anderen vor den Augen eines unschuldigen Kindes (mir) lebendig zersägt. Eine gute Entscheidung, wie auch der dadurch nie zum Einsatz gekommene Haftrichter befand. Ansonsten verlief meine frühe Kindheit unspektakulär. Und das hauptsächlich deshalb, weil meine Mutter den Rat IHRER Mutter befolgte und mich fast ausschließlich im Laufstall großzog. »Bis zum dritten Geburtstag brauchen Kinder gar nicht zu wissen, dass sie existieren«, hatte Oma immer gesagt – und so kam es dann auch. Ich weiß von nichts. Meine einzigen Erinnerungen an meine frühe Kindheit stellten sich im Nachhinein als Fotos heraus. Ich konnte mich an die Fotos erinnern, nicht an die fotografierten Ereignisse. Dass ich am Ende so etwas wie ein Kreativer geworden bin, lässt sich wohl vor allem dadurch erklären, dass ich drei Jahre lang damit beschäftigt war, meinen Ausbruch aus dem Laufstall zu planen. Und dass meine Entdeckungsreisen durch unsere Wohnung ausschließlich in meiner Fantasie stattfanden.

Mein Leben fängt eigentlich erst bei meiner Erstkommunion an. Mein Stiefvater hatte mir empfohlen, mein gesamtes erstkommunionisiertes Geld in einen Receiver (Radio plus Verstärker) der Firma Loewe Opta zu investieren. Die Boxen hatten wir noch, ein Tape-Deck wurde bei Quelle bestellt. Alles in Silber. Ich war der glücklichste Junge der Welt!

Dass ich dieses Gerät, fünfundzwanzig Jahre nach seiner Anschaffung und viele Jahre nachdem ich es auf dem Dachboden meiner Ex-WG in Leverkusen-Hitdorf wegen eines Wackelkontaktes des Input-Wahlschalters zur ewigen Ruhe gebettet hatte, noch einmal wiedersah, betrachte ich heute als ein Wunder. Wir trafen uns im Zimmer einer gastfreundlichen Schnellbeziehung wieder. Ich war über Nacht geblieben, Loewe-Opta wohnte schon länger dort. Wie er dort hingekommen war, konnte er mir nicht sagen, aber er glänzte in der Morgensonne und tat, was er tun musste: Er spielte Musik. Der Input-Wahlschalter war immer noch wackelig. Ich war gerührt und geschüttelt. Zu Recht.

Leider trägt diese Episode nichts zu der nun folgenden Geschichte bei. Außer vielleicht die Erkenntnis, dass ich das große Gefühl liebe. Dass ich mich gern von ihm rühren lasse, wenn es kommt. Dass ich das Glück erkenne, auch wenn es nur sehr klein vor mir steht. Und dass man bei One-Night-Stands unbedingt und immer bis zum Frühstück bleiben sollte.

Ich heiße Christian. Ich heiße Christian, weil mein Vater Christian heißt, mein Opa Christian hieß und dessen Vater auch Christian im Ausweis stehen hatte. Ich heiße Christian, aber fast niemand nennt mich so. Viele wissen nicht mal, dass ich so heiße. Die meisten Menschen nennen mich Yessica. Yessica Yeti. Ich schreibe Musik, schreibe über Musik, schreibe über Menschen, die Musik machen, mache Musik, höre Musik, lege sie auf und lungere mit Leuten rum, die Gleiches oder Ähnliches tun. Ich bin Musikwerktätiger in jedem Sinne. Leicht über vierzig. Kinderlos glücklich. Seit 25 Jahren in einer pausenlosen Dauerbeziehung mit wechselnden Partnerinnen. Und habe immer alleine gewohnt. Bis vor zwei Jahren. Da kam Lili.

Dann fing mein Leben noch mal an.

MÜTTER

Alle Mütter wollen Omas werden. Warum? Um sich zu rächen! Das Hauptmerkmal einer Mutter ist, dass sie in ihrem Leben auf irgendeine Weise mindestens einmal ein Kind bekommen hat. Darin sind sich alle Mütter gleich. Und alle haben sie gelitten!

Sie sind bei unserer Geburt durch die Hölle gegangen. Sie haben sich anschließend die Nippel wund kauen und die Ohren tinnitös schreien lassen. Sie mussten ertragen, wie wir Instrumente lernen wollten, ohne dass auch nur ein Funken Talent in der Nähe war.

Kinder sind verrückt. Sie essen Regenwürmer. Sie wollen Ponys haben, obwohl sie im vierten Stock wohnen. Und wenn sie eins bekommen, wollen sie lieber einen iPod. Sie wollen bauchfrei, mit grünen Haaren und/oder betrunken zur Schule gehen und werden ständig beim Klauen erwischt. Kinder sind dauernd verschwunden, ertrunken, ausgezogen, wieder eingezogen oder schlimmer noch: niemals ausgezogen! Wir waren mit elf tätowiert, mit zwölf hormonisiert, mit 13 kiffrig, mit 14 fickrig und mit 15 immer noch in der siebten Klasse – dafür aber in einer Band! Wir haben unseren Eltern die Autos kaputtgefahren, die Wohnungen, den Sex und die Finanzen ruiniert. Wir haben alle – jeder von uns auf seine ganz spezielle grausame Art – das Leben unserer Erzeuger zu einem Horrortrip adolesziert. Und wir haben uns nie bei ihnen entschuldigt. Warum auch? Sie wollten uns, und sie hatten uns. Selber schuld.

Hätten unsere Eltern beschlossen, uns als 17-Jährige nachträglich abzutreiben – kein Gericht der Welt hätte sie verurteilt! Sie hätten allen Grund gehabt. Aber sie haben es nicht getan.

Alle Mütter wollen Omas werden. Aber der Wunsch nach Vermählung und Vermehrung seiner Ahnen liegt nicht in Mutterliebe begründet, sondern in tiefem elterlichen Hass! Hinter den sonntäglichen Anrufen, dem ständigen Sich-Erkundigen, ob man denn jetzt jemanden habe, und der sich daran anschließenden Frage, wann es denn endlich so weit sei mit dem Nachwuchs, verstecken sich nur der Wunsch nach Rache und die Hoffnung, sich irgendwann mit der Gewissheit zur Ruhe legen zu können, dass ihre Kinder all das, was sie ihnen angetan haben, bald doppelt und dreifach von ihren eigenen Kindern zurückbekommen.

Niemals werden wir unsere Eltern glücklicher erleben als an dem Tag, an dem wir ihnen verkünden, dass wir selbst Eltern werden. Diese Freudentränen, dieses Leuchten in ihren Augen und dieses strahlende Lächeln – modelliert aus tiefer Gehässigkeit – werden wir auf ihren Gesichtern erst dann wieder zu sehen bekommen, wenn wir unserem eigenen Kind zum dritten Geburtstag ein MacBook Pro oder einen 5er BMW schenken müssen.

Weil es uns droht, uns sonst fertigzumachen!

MAMA

Ich bin ein nettes Kind. Aber ich bin nicht wie die anderen. Ich bin schlecht in Gewalt und Sport. Aber ich bin lustig. Die anderen sehen gut aus. Ich bin klug. Die anderen haben Mofas. Ich habe eine Gitarre. Die andern wollen Sex. Ich weiß, wie es geht!

Als 15-Jähriger gebe ich den Kindern in meinem Block Aufklärungsunterricht. Ich lebe in einem Pfarrheim in einer 70er-Jahre-Neubausiedlung mit vierstöckigen Plattenbauten und einigen mäßig pittoresken Hochhäusern. Mein Vater ist Lehrer und wohnt 30 Kilometer entfernt. Ich sehe Hanno, so heißt er, einmal im Monat am Wochenende, und wir gucken uns Bud-Spencer-Filme oder Schwulen-Cabaret an. Mein Vater zieht die Grenzen anders als meine Mutter und mein Stiefvater. Er wohnt nicht wie wir in einem Pfarrheim. Er ist ein 68er. Vielleicht hat er mal eine Nummer in einem Pfarrheim geschoben. Bestimmt hat er! Aber er wohnt in keinem. Er wohnt in einer richtigen Stadt mit Kinos, Grillhähnchen und Nutella zum Frühstück. Wir wohnen in einer West-Plattenbausiedlung, und mit drei Kindern reicht es nur für Nusspli. Und Aprikosenmarmelade.

Mein Vater kennt sich gut mit Sex aus. Er hat immer junge Mädchen als Freundinnen und gibt Sexualkunde in der Schule. So hält er sich fit! Er ist offen, kann alles erklären und hat auch immer gleich Bilder von allem zur Hand, was ich wissen will. Ich mag die Bilder. Der Unterschied zwischen Erotik und Pornografie, sagt er, ist, dass man bei Erotik keinen Ständer bekommt. Ich bekomme auch bei Erotik einen Ständer. Aber nur wenn keiner dabei ist. Das Aufklärungsmaterial, die Bilder, das Fachwissen, all das hat Hanno doppelt und dreifach. Also darf ich mitnehmen, was ich will. Es spricht sich in der Siedlung schnell herum, dass ich weiß, wie man es macht. Und wie man es RICHTIG macht. Schon bald gebe ich meine eigenen kleinen Seminare. Die anderen Jugendlichen nehmen mich auf dem Schulhof zur Seite und vereinbaren Einzel- oder Paartermine. Ich seminiere an unseren Treffpunkten. An der Bank, am Schachbrett oder bei den Tischtennisplatten. Ich zeige ihnen Bilder von den inneren und äußeren Schamlippen, habe Tampons und Kondome dabei und erkläre ihnen, wie die Pille funktioniert, was Pessare sind, warum 14-Jährige üblicherweise keine Spiralen verschrieben bekommen und warum Verhütungszäpfchen nur wirken, wenn man sie vorn reinsteckt.

Nicht EIN MAL in meinem späteren sexuellen Schaffen gerate ich in die Verlegenheit einer Schwangerschaft. Vielleicht, weil ich so genau weiß, wie es geht! Vielleicht auch, weil ich später den ehrwürdigen Beruf des Erziehers erlerne. Als Erzieher kenne ich den Feind und hole ihn mir nicht in die Wohnung.

Meiner Mutter kommt der Gedanke, dass der verpickelte Spast, der gerade in ihrem weißen Overall und mit einer Flasche Sangria bewaffnet zur Teestube der evangelischen Kirche latscht (da ging mehr als bei uns Katholiken), ein Kind zeugen könnte, überhaupt nicht komisch vor. Sie will sich ja rächen! Als ich 18 bin, beschließt sie, nicht mehr nur zu bitten, sondern auch zu betteln. Sie hat nachgedacht und fragt sich, ob es eventuell sein könnte, dass ich zwar von Tuten und Blasen, nicht aber vom Rein und Raus Ahnung habe. SIE hat es mir ja nicht erklärt, und wer hätte es sonst tun sollen? Also zieht sie mich ins Badezimmer, wo wir ungestört reden können. Schwer atmend und rot wie Menstruationsblut erkundigt sie sich nach meinem Wissensstand in Sachen Blumen und Bienen. Ohne Quatsch! Blumen und Bienen! Daran, dass das Ganze als ernstgemeintes Gespräch angelegt ist, zeigt sich nicht nur Ihre Unbeholfenheit, sondern auch, dass sie gar nicht so doof ist, denn mit Blumen und Bienen kenne ich mich wirklich nicht so gut aus. Okay, ficken. Das ist mein Thema! Da bin ich drin! Aber die Restbiologie fällt mir schwer. Also mache ich mir große Hoffnungen, dass mich dieses Gespräch eventuell schlauer entlässt, als es mich bestellt hat. Leider hat Mama auch keine Ahnung von Photosynthese und Hummelflug. Es geht auch ihr vor allem um das Eine, und da bin ich ja eigentlich der Fachreferent.

Als Mama erkennt, dass ich weiß, wie es geht, wird sie hartnäckiger. Sie ignoriert mein Desinteresse an Fortpflanzung und mein wachsendes Interesse für Gitarren. Sie ignoriert meine Kündigung im Kindergarten und meinen Hunger nach einem selbstbestimmten Leben voller Bier und Verantwortungslosigkeit. Würde ich komplett rasiert, mit Holzbein und Papagei und vollgestopft mit LSD auf ihrem Flokati ein vierstündiges Wasserballett zu Charleston-Musik aufführen – sie würde mich anschließend fragen, was die Uni macht und wann ich heirate und Kinder zeuge. Sie ist so voller Hoffnung. Eine Chance hat sie nicht.

Danach gehe ich sie nur noch einmal sehr hart an. Im Beisein aller meiner Freunde und auch einiger ihrer Freundinnen erhebe ich meine Stimme auf dem Ernst-Reuter-Platz in Monheim am Rhein. Zwischen Coop und Karstadt, auf Höhe der Buchhandlung Linda Rossbach, bitte ich sie, sich jetzt ein für alle Mal aus dem Kopf zu schlagen, dass ich IRGENDWANN in diesem Dasein auch nur so etwas ÄHNLICHES wie Kinder haben werde. Ich schreie energisch und beschäme sie.

Seit diesem Tag verbringt meine Mutter sehr viel Zeit damit, genau DAS zu tun: es sich aus dem Kopf zu schlagen! Sie hat mich nie wieder gefragt. Und es gab auch nie einen Grund dazu.

Buch zu Ende!

ZWEI

EIN MONTAG

Der Tag, an dem wir hätten merken müssen, dass wir schwanger sind, war ein Montag. Gott kam an diesem Tag mit einem Tennisschläger auf die Erde geflogen und schlug ihn uns volle Kanone mit der Seitenkante ins Gesicht. Es war ziemlich sicher ein Montag. Auf jeden Fall aber irgendein Wochentag. Ich weiß das, weil sich unsere Wochentage und unsere Wochenendtage dadurch unterscheiden, dass es unterschiedliches Frühstück gibt. Montag bis Freitag gibt es Obst, Samstag und Sonntag richtiges Essen. Seit wir uns kennen – seit zwei Jahren – bereite ich den Kick-off in den Tag vor. Ich schneide Obst, während Lili duscht.

An Arbeitstagen gibt es für Lili:
Eine Tasse heißes Wasser.
Eine Tasse Filterkaffee mit etwas warmer, aufgeschäumter Milch.
Eine kleine Schüssel Obstsalat.
Einen Activia obendrauf.
Eine zweite Tasse Filterkaffee mit mittlerweile nicht mehr ganz so warmer und überhaupt nicht mehr aufgeschäumter Milch.
Die *Berliner Zeitung*.

Lili glaubt nicht an Activia, aber es schmeckt ihr. Ich glaube an fast gar nix, aber Activia schmeckt mir auch. Ich trinke eine Tasse Americano mit etwas warmer aufgeschäumter Milch. Ich esse eine große Schüssel Obstsalat mit Früchte-Müsli, etwas Milch und einem Activia-Joghurt obendrauf. Lilis Kaffee wird in ihrer

Kaffeemaschine gebrüht, mein Americano in meiner Espresso-maschine gepresst.

Wir essen immer gleich. Der Morgen ist voller Liebe und Sorge für den anderen und komplett durchritualisiert. Nie dusche ich zuerst. Nie macht Lili Frühstück. Nie bin ich angezogen, bevor Lili das Haus verlässt. Lili liest die Zeitung, und ich gucke von der Seite mit rein. Nie andersrum. Man könnte denken, ich wäre der König der Spießer, aber die Wahrheit ist, ich bin eher Punk als Bank. Ich habe kein Haus, keine Kieseinfahrt, keinen Bausparvertrag, nix gespart, kein Geld, kein Gold und keine erwähnenswerte Rente in Aussicht. Ich fahre einen Mitsubishi Colt von 1987 in Gold, den ich den Goldenen Colt nenne, habe zehn Gitarren in der Wohnung, alles von Woody Allen auf VHS, eine lustige Kolumne, die ich jeden Monat für das Magazin *unclesally*s* schreibe, und eine Espresso-Maschine. Mehr habe ich nicht. Mehr will ich nicht. Meine 56-Quadratmeter-Wohnung habe ich mit allen meinen übrigen Sachen untervermietet und keinerlei Sehnsucht nach ihrem Inhalt. Ich bin reduziert. Ich bin bei Lili. Ich bin glücklich.

Meine Liebe zu unserem Ritual und mein Verlangen nach morgendlicher Ordnung entspringen also keinesfalls meiner Spießigkeit, sondern eher einer Art Zwangsneurose light. Nicht Schlimmes. Nicht Gefährliches. Und nichts, womit man einen Therapeuten reich machen könnte. Aber etwas, zu dem ich mich getrieben fühle und das ich für meine persönlichen Belange ausbeute. So wie die Menschen, die aufgrund einer genetischen Unaufmerksamkeit viel zu lange Gliedmaßen haben. Was machen die? Sie werden Taschendiebe, spielen Basketball oder drehen Pornos.

Kennt ihr den Witz, wo ein Typ zum Arzt geht und sagt: »Meine Frau denkt, sie wäre ein Huhn«, und der Arzt antwortet: »Na, dann freuen Sie sich doch über die Eier!«? Ich bin die Frau! Und ich bin die Eier! Der Schöpfer hat mir eine sehr verwarzte Form von Sortiertrieb in meinen Genpool gelegt. Obwohl ich nicht gern putze, halte ich eine sehr eigene Form von Ordnung und mag es auch aufzuräumen. Nicht so wie meine Mutter. Eher so wie der Typ aus dem Film *The Wall*, der seine ganze Wohnung kurz und klein schlägt und den ganzen Müll dann pingelig wie ein Mikrobiologe zu einer kilometerlangen Schrottschlange sortiert, die sich durch seine Wohnung zieht. Dreck ist mir egal, mich stören weder Chipskrümel noch Tabakreste auf einem Partytisch. Aber ich will nicht, dass sie zusammenliegen! Also trenne ich sie. Ich trage mein Kleingeld in der vorderen Hosentasche und meine Scheine in der hinteren. Ich sortiere die Bieruntersetzter in der Kneipe so, dass die Logos der Brauereien nach oben zeigen. Ich trenne die langen Grissini von den mittellangen, baue Türme aus Kronkorken, Salzkörnern, Brotkrumen und allem, was sonst so rumliegt. Ich sammle Schachteln und Gläser, um irgendetwas hineinzutun, und schaue dann zu, wie Lili alles wieder verschwinden lässt. Währenddessen knibble ich die Preisschilder und Aktions-Etiketten von CDs und DVDs ab. Bricht mir in einer CD-Hülle an dem Kranz, der die CD hält, eine Zacke heraus, breche ich die anderen auch ab. Ich halte Ordnung! Seit zwei Jahren poliere ich mein Handy ununterbrochen in den Auslieferungszustand zurück und habe mittlerweile eine Glanzqualität erreicht, gegen die kein Neugerät anstinken kann. Ich warte täglich auf einen Anruf von Nokia mit einem konkreten Jobangebot, und ich weiß, er wird kommen. Meine Freunde sagen, ich monke. So wie der Typ aus der Fernsehserie *Monk*, der ständig Dinge berühren oder zurechtbiegen muss, um nicht auszurasten. Ich biege auch gern. Ich habe schon mal während eines Telefonats im Büro 40 Gramm Büroklammern gerade gebogen. Weil ich Büroklammern lieber mag, wenn sie entweder schnurgerade oder wenigstens zu einer langen Kette zusammengesteckt sind. Einige meiner Freunde treffen sich nur mit mir, weil sie zu faul sind, ihre Handys zu putzen. Aber es macht mir nichts aus. Ich tue Gutes und niemandem damit weh. Ich mache ordentliches Frühstuck, mit viel Liebe und am Wochenende mit Eiern. Ich trenne Müll, bringe ihn aber nicht runter. Ich nähe Knöpfe an und wechsle meine Gitarrensaiten regelmäßig. Ich bin der, der die Sonderangebotsware, die im Baumarkt in den Ablagen zwischen der herunterfahrenden und der herauffahrenden Rolltreppe liegt und von Kunden OHNE Neurosen ständig durcheinandergebracht wird, wieder in die richtigen Ablagen zurücklegt. Dafür fahre ich auch gern eine Extrarunde!

Lili hat keine Neurosen. Sie ist der gesündeste Mensch, der je seine Zeit mit mir verbringen wollte. Lili sortiert ihre Bücher nach Farben. Nicht weil sie muss, sondern weil sie will. Und deshalb will ich SIE!

Es ist Montag oder irgendein anderer Wochentag, und Lili kommt bebademantelt aus der Dusche und setzt sich auf ihren Stuhl. Sie klagt über Übelkeit. Seit zwei Monaten verhüten wir nicht mehr. Wir finden uns gut und hätten gern ein Baby.

»Mir ist schlecht.«

»Soll ich dir Tee machen statt Kaffee?«

»Nein, so schlecht ist mir nicht«

»Dir ist nicht so schlecht?«

»DOCH. Mir ist tierisch schlecht! Aber nicht so. Anders.«

»Wie ist dir denn schlecht?«

»Ich habe Hunger.«

Dann sage ich etwas Dummes. Etwas, womit ich Lili so auf die Palme bringe, dass sich die Raufaser glättet. Ich weiß nicht, was ich gesagt habe, aber es muss einfach atemberaubend dämlich gewesen sein. Sie mault mich an. Ich würde ihr nicht glauben, dass ihr schlecht sei. Ich würde ihr das Gefühl geben, nur so zu tun, als wäre ihr übel, und ob sie denn erst kotzen müsse, damit ich ihr glaubte, dass es ihr nicht gut gehe. Ich entgegne ihr, dass ich NATÜRLICH glauben würde, dass ihr schlecht sei, aber keine Ahnung hätte, was das für eine ART von Schlechtsein sei, bei der man Hunger habe. Ich versuche mich zu erklären.

»Wenn MIR schlecht ist, ist mir schlecht. Dann habe ich keinen Hunger.«

»ACH. Und nur weil du keinen Hunger hast, wenn dir schlecht ist, darf ich auch keinen Hunger haben, wenn mir kotzübel ist?«

Wir streiten weiter, bis der Milchschaum zusammengefallen ist. Vier Wochen nach diesem Montag, der eventuell auch irgendein anderer Tag, aber auf jeden Fall in der Woche ist, wissen wir immer noch nicht, dass Lili schwanger ist.

Wir sind einfach zu blöd!

DURCH DICK UND DOOF

Wenn Dummheit geschlagen gehört, soll es auf Lili und mich nasse Klaviere regnen! Als wir das erste Mal darüber nachdenken, ob einer von uns beiden, vorzugsweise Lili, schwanger sein könnte, sind wir bereits in der achten Woche unterwegs. In der achten Woche sind Föten (so heißen Babys, bevor sie Embryo, dann Baby und später dann Kevin heißen) bereits vollständig eingekleidet und schon mehrfach beim Rauchen hinterm Mutterkuchen erwischt worden. Es gibt Indizien, an denen Menschen, die sich fortpflanzen wollen, erkennen können, ob das, was sie tun, während die Nachbarn schreiend und mit Schlägen an die Wand um Ruhe bitten, von Erfolg gekrönt sein wird, oder ob sie besser noch mal auf DVD nachgucken sollten, wie es richtig geht. Ein Indiz ist, dass die Betroffenen an Umfang und Gewicht zunehmen. Der weibliche Teil des Paares wird mehr, weil er plötzlich zwei ist und auch für zwei isst. Der männliche wird mehr, weil er sich jovial dem neuen Lebensstil der Partnerin anpasst. Heißt: Er kauft die Schokolade nicht, isst aber mit. Er geht nicht gern nicht spazieren, aber wenn sie nicht spazieren gehen will, guckt er halt mit fern. Wenn sich zwei Menschen wirklich nah sind, gehen sie durch dünn und dann auch durch dick. Das ist Liebe!

Lili wird nicht dicker. Sie wird nicht schwerer. Sie bleibt gleich. Seit einigen Wochen geht sie unnötigerweise in ein Techno-Sportstudio, das mit Hilfe von NASA-Technologie alles aus den Menschen rausholt, was sie nicht mehr haben wollen. Gerätschaften, die aussehen wie transportable Raumgleiter, schütteln den Fat-Fightern den Speck vom Leib. Immer, wenn Lili vom Sport kommt, erzählt sie Geschichten, die klingen wie das Drehbuch eines *Star Trek*-Sequels. Nur mit mehr Klingonen! Ich bin mir nicht sicher, ob dieses Studio seinen Klienten das Überflüssige wirklich mit Phasern rausschießt, aber genau so stelle ich es mir vor. Ich will nicht, dass sie da hingeht. Erstens gibt es an ihr nichts wegzuphasern, und zweitens ist die UFO-Sporthalle natürlich Betrug. Es gibt keine Maschinen, auf die man sich draufstellt und die einen, während man die *InStyle* liest und sich dabei ein bisschen nach links und rechts dreht, innerhalb von 30 Minuten so dünn machen, dass man in alle Kleider passt, an denen man sich gerade vorbeigeblättert hat. Wenn es das gäbe, gäbe es keinen Sport! Oder glaubt ihr, das macht jemand freiwillig!?

Lili glaubt das auch nicht. Aber sie hat eine Garantie! Der Klingonen-Imperator Kahless persönlich schwört Lili, dass sie eine garantierte Menge Pfunde verliert, wenn sie nur regelmäßig alles tut, was er von ihr verlangt. Da von Sex keine Rede ist, gewinnt er ihr Vertrauen. Garantiert weniger werden, das hat ihr noch keiner geboten. Also bleibt sie am Ball! Sie stellt sich über Wochen jeden Morgen den Wecker auf eine Zeit, von der ich bis dahin noch nie etwas gehört hatte. Dann radelt sie nach Mitte, um aus allen Ritzen zu schwitzen.

Bis das Unglück passiert.

Lili verletzt sich beim Radfahren den Fuß. Den rechten. Damit fällt sie als Raumgleiterpilotin aus! Wellness-Karriere am Arsch. Ich bin traurig, dass sie sich verletzt hat, aber froh, dass der Spuk ein Ende hat. Hat er aber nicht. Den Fängen der Computertrainer kann man nicht so leicht entfliehen. Sie haben ihr Dünnheit versprochen, und sie wollen ihr Wort halten. Was jetzt kommt, glaube ich selber nicht!

Lili wird auf eine Maschine gestellt, auf der man sich GAR NICHT mehr bewegen muss. Nullinger! Ihr Körper – hauptsächlich ihr Bauch – wird mit Klebe-Sensoren an eine Apparatur angeschlossen, die jetzt für Lili Sport macht. Vorher muss sie unterschreiben, dass sie nicht schwanger ist. Ist sie nicht. Das hatte sie beim Röntgen ihres Fußes vor ein paar Tagen auch schon mal schriftlich bestätigt. Voll verkabelt steht sie jetzt nur noch rum und nimmt dabei ab. Fettverbrennung 2.0. Jeden Morgen radelt sie (nun etwas vorsichtiger) nach Mitte, lässt sich vernetzen und alles, was sie an sich nicht mag, von einem digitalen Fettsauger direkt ins Internet oder auf den Todesstern schießen. Sie weiß natürlich, dass das Schwachsinn ist, aber sie hat ja eine Garantie! Also macht sie jeden Scheiß mit.

An dieser Stelle möchte ich daran erinnern, dass die Frau zu dieser Zeit bereits höchst ansteckend schwanger ist. Sie weiß es nicht. Ich weiß es nicht. Die Klingonen ahnen auch nichts. Woher auch? Kahless hatte sein Wort gehalten und nicht mit ihr geschlafen. Wieso also sollte sie schwanger sein?

Worauf es am Ende hinausläuft, ist so blöd und absurd, dass ich am liebsten aufhören möchte zu schreiben. Aber ich bin schließlich irgendwie so eine Art Journalist und stehe im Dienst der Wahrheit. Sehen wir der Wahrheit also in ihre verschwitzten Augen: Wenn eine Frau Sport macht, der kein Sport ist, und aufgrund einer Schwangerschaft eigentlich jeden Tag dicker und schwerer werden müsste, in Wahrheit aber an keinem einzigen Tag dicker und schwerer wird, dann ist das der Beweis dafür, dass dieser Sport, der keiner ist, funktioniert! Und zwar volle Suppe!

Als wir erfahren, dass wir ein Baby bekommen, stoppt Lili ihre Cybersport-Aktivitäten sofort. Wir denken an die Klebe-Sensoren auf ihrem Bauch. Wir haben Angst. Wir haben Angst, dass wir einen nützlichen oder hübschen Teil unseres Babys vom digitalen Fettsauger direkt ins Internet oder auf den Todesstern haben schießen lassen.

Aber die Ärztin sagt, wir hätten nicht.

DER BESUCH DER ALTEN DAME

Es gibt Indizien, an denen Menschen, die sich fortpflanzen möchten, erkennen können, ob das, was sie tun, während der Fernseher die ganze Zeit rhythmisch von einem Programm zum nächsten schaltet, obwohl niemand eine Fernbedienung in der Hand hält und auch niemand weiß oder wissen will, wo sie gerade ist, von Erfolg gekrönt sein wird.

Ein sicheres Indiz für eine aufkommende Schwangerschaft ist das Ausbleiben von ganz bestimmtem Besuch. Dem der roten Oma.

Pubertierende schämen sich oft, sexuelle Dinge beim Namen zu nennen. Sie nehmen sie in Hauseingängen, auf Klassenfahrten oder Pyjamaless-Partys bedenkenlos in die Hand und bisweilen in den Mund oder – wenn die Eltern grad verstorben sind – auch mal mit nach Hause. Aber sie sagen sie nicht gerne. Auch viele Erwachsene haben Probleme damit und deshalb oft weder einen Pimmel noch einen Schwanz und selten Mösen oder Muschis. Zumindest nennen sie sie nicht so. Stattdessen haben sie »das da unten«, ein »Kätzchen« oder einen »kleinen xxx«, wobei xxx meist für den Vornamen des Besitzers, selten auch für den seines Vermieters steht.

Ähnlich verhält es sich mit der Menstruation. Die Mädchen in meiner Klasse bekamen ab einem bestimmten Alter oft Besuch von der »roten Zora« oder einer »roten Oma«. Sie hatten »rote Bete« oder »rotes Meer«. Erst später, als sie etwas lässiger mit ihrem Unglück haderten, bekamen sie ihre Mens oder ihre Tage.

Lili hat vor drei Monaten die Pille abgesetzt.

Ab einem Alter von 35 Jahren wird man in der Bundesrepublik als Risikoschwangerschaft gehandelt. Dabei zählt allein das Alter der Frau. Das Alter des Mannes ist egal. Männer können als 500-Jährige noch ganze Volksstämme besamen, wenn sie lustig sind.

Da gibt es kein Risiko, das ist okay, wenn auch ästhetisch fragwürdig. Auch der physische Zustand der künftigen Mutter ist für die statistische Einstufung zur Risikoschwangeren wenig erheblich. Das heißt: Bei einer 26-jährigen Drogendealerin, die ihre Ware persönlich in Herz und Niere prüft, oder einem 17-jährigen 400-Kilo-Mädchen mit Eigenfettallergie ist das Risiko, dass das Kind hässlich oder doof oder beides wird, offiziell geringer als bei einer 36-jährigen Fußballtrainerin mit eigenem Bio-Laden.

Lili ist 36, sieht toll aus, ist gesund wie Buttermilch, mental wach und psychisch erheblich sauberer als meine gesamte Umgebung. Würde ich sie bei eBay verkaufen wollen, könnte ich sie als neuwertig anbieten. Trotzdem rasen wir der Statistik nach mit Vollkaracho in eine topgefährliche Risikoschwangerschaft. Das ist uns aber egal! Wir essen ja auch Chips und warme Mahlzeiten nach 22.00 Uhr. Wir haben über viele Dinge in unserem Leben lange nachgedacht. Kurze Haare oder lange Haare? Grüne oder schwarze Haare? Überhaupt Haare? Sommerurlaub oder Winterurlaub? Sterben? Oder das Portemonnaie auf den Boden werfen und schnell wegrennen? Über die Sache mit dem Baby haben wir nicht lange nachgedacht. Manchmal sind die Dinge einfach, wie sie eben sind, logisch und naheliegend, und man muss sie nicht zerdenken. So, wie man sich nach Glück bückt, wenn es auf der Straße liegt, oder die Jacke auszieht, bevor man in die Badewanne steigt. Lili und ich haben uns gesucht und gefunden. Wir sind auf dem Weg zueinander lustige, schreckliche und zum Teil spektakuläre Umwege gefahren, aber am Ende doch einigermaßen heil angekommen. Reise vorbei! Wir finden uns dufte und machen jetzt mehr von uns! Das hat die doofe Welt vielleicht nicht verdient, aber wir sind gute Menschen und drücken da mal ein Auge zu.

Wir sind zu Hause. Gut gelaunt. Immer fröhlich. Lilis Anti-Baby-Pillen haben wir den Vögeln draußen gegeben. Lili hatte die Pille aus medizinischen Gründen über einen längeren Zeitraum durchgehend genommen. Deshalb und weil wir risikoalt sind, starten wir unsere Aktivitäten in einer Kinderwunschklinik. Als Erstes lassen wir uns mal gründlich durchchecken. Die Kinderwunschklinik rät uns, zur Kinderproduktion auf die klassische Vorgehensweise zurückzugreifen, bevor wir dann später auf »härtere Methoden« umsteigen. Die klassische Vorgehensweise kennen wir. Das ist genau unser Ding. Also ziehen wir die Sache routiniert und knallhart durch. Um der Wahrheit genüge zu tun: Wir geben uns nicht mal besondere Mühe. Wir machten, was wir immer und gerne tun. Nicht öfter. Nicht anders. Und auch nicht, wenn wir keine Lust haben. Das soll reichen. Und das tut es. Auch wenn wir das gar nicht mitbekommen.

Man sagt uns, es könne einige Monate dauern, bis uns die rote Oma das erste Mal besuchen komme. Und dass sie zu Anfang auch nicht oft und nur unregelmäßig vorbeischauen würde. Schon nach ein paar Tagen bekommen wir das erste Mal Besuch von ihr. Unsere Oma ist agil und voller Tatendrang, und als sie klatschnass vor unserer Tür steht, lassen wir sie gerne rein. Wir sind fokussiert darauf, ein Baby zu bekommen, und zugleich unbekümmert wie Teenager. Wir wollen ein Kind zeugen, aber keinen Stress. Wir wissen, dass wir uns Sorgen machen sollten, weil wir alt und grau sind und vielleicht gar keine Kinder bekommen können, aber wir machen uns keinen Kopf, sondern lieber eine gute Zeit. Omas nächster Besuch lässt auf sich warten. Damit hatten wir gerechnet. Das hatte man uns ja gesagt.

Ich weiß nicht, wie lange es gedauert hat, bis wir Oma vermissten. Ich glaube, wir vermissten sie gar nicht. Wir waren nicht unbekümmert, wir waren IGNORANT. Idioten waren wir! Wir wunderten uns über rein GAR nichts. Standen mitten im Wald und sahen keinen Baum, keinen Strauch, kein Gebüsch. Die Indizien schlugen auf uns ein wie niederfallende Äste bei Waldarbeiten, und wir lagen auf dem Bett, schauten *Desperate Housewives* und hatten uns lieb. Lili war schlecht. Das war eben so. Lili machte Hochleistungsfrühsport und nahm kein Gramm ab. Das war eben so. Lili hatte Hunger. Ich aß mit. Lili motzte. Ich hörte zu.

Ich wette, Gott hat uns von oben beobachtet und mit seiner Handykamera gefilmt. Und jetzt sitzt seine gesamte Belegschaft jeden Abend eingenässt vor SkyTube und würde sich über uns totlachen, wenn sie es nicht bereits wäre.

Ach ja. Oma kam nie wieder.

SPERMIOGRAMM

Dank unseres Erfolgreichtums erfahren wir leider nie, was die »härteren Methoden«, gewesen wären, die man uns angeboten hätte, falls wir beim Sex immer aus dem Bett gefallen wären oder uns sonst wie zu doof angestellt hätten. Wahrscheinlich hätten wir mit den Ärzten schlafen müssen. Oder man hätte uns irgendwelche »Praktiken« beigebracht. Ich persönlich habe keine Erfahrung mit »Praktiken« und wäre da tatsächlich auf Hilfe angewiesen gewesen. Ich war noch nie an eine Heizung gefesselt und wurde noch nicht einmal ausgepeitscht, wenn wir als Kinder Ponyreiten spielten. Vielleicht geht auch meine Fantasie mit mir durch, wenn ich mir Sprechstundenhilfen in Lack-Kombinationen und einen gut gebauten Arzt im Leo-String vorstelle.

Es gibt einen Raum in der Kinderwunsch-Klinik, in dem man alleine sein kann. Einige Wochen nach unserem ersten Besuch sperrt man mich darin ein, um meine Spermien einer Schwimmprüfung zu unterziehen. In diesem Raum gibt es einen besonders weichen Sessel und verschiedene Magazine und DVDs, die mich selbstredend schockieren. Ich mache Handyfotos und schicke sie Lili. Sie soll sehen, wie schön es hier ist und wie nett man sich um mich kümmert. Nur um zu erfahren, welch widerwärtigen und unnatürlichen Fantasien sich meine Geschlechtsgenossen hingaben, studiere ich alle drei DVDs aufs Gründlichste. Ich bin entsetzt: Einen der Filme kenne ich schon! Ich erteile meinem Ejakulat eine schnelle Schwimmstunde und stelle das Ergebnis wie gewünscht körperwarm in die Durchreiche. Später bekomme ich ein Seepferdchen-Abzeichen für meinen Hodensack.

Als wir irgendwann wirklich schwanger sind, rufe ich unsere gemeinsame beste Freundin Susan an. Ich erzähle ihr, was ich von der Ärztin erfahren habe. Dass man ab 35 Jahren risikoschwanger ist, dass die Wahrscheinlichkeit, dass ein Kind am Dow-Jones-Syndrom erkrankt ist, ab 35 mit jedem Jahr exponentiell steigt und dass wir eventuell gezwungen sind, eine Fruchtwasseruntersuchung zu machen, die auch wiederum enorme Risiken birgt.

Susan freut sich, dass wir schwanger sind, rät uns von der Untersuchung ab und erklärt mir, dass der Dow-Jones ein Aktien-Index ist und dass das, was ich meine, »Down-Syndrom« heißt.

Ich lege auf und beschließe, bis zu meinem Tode nie wieder zu telefonieren und mich in einem Fachlabor dematerialisieren zu lassen.

SCHWANGERSCHAFTSTEST

Nachdem die rote Oma irgendwann gar nicht mehr kommt, machen wir uns Gedanken. Es sind jetzt zwei Monate vergangen, seit sie kurz hier war. Wir glauben zwar nicht, dass sie gar nicht mehr kommt, aber es ist klar, dass sie sich zumindest verlaufen hat. Also beschließen wir, sie zu suchen. Wir planen die Anschaffung eines eigenen Schwangerschaftstests. Da keiner von uns beiden diesen Auftrag explizit annimmt, kauft auch erst mal niemand einen. Also warten wir auf uns selbst.

Es ist schwierig zu erklären, warum alles so war, wie es war. Warum sind wir nicht einfach aufgesprungen und zur Apotheke geflitzt? Hatten wir Angst zu erfahren, dass wir es geschafft haben? Hatten wir Angst zu erfahren, dass wir es nicht geschafft haben? Oder war das TV-Programm so gut? Nichts und zugleich alles davon ist wahr. Wer sich etwas ganz dolle wünscht, was er am Ende vielleicht nicht bekommt, ist nicht nur mit Wünschen beschäftigt, sondern auch damit, es sich präventiv aus dem Kopf zu schlagen. Klar will man, dass der Weihnachtsmann durch den Kamin gekrochen kommt. Aber zugleich weiß man, dass man gar keinen Kamin hat und der Weihnachtsmann wahrscheinlich gerade in L.A. ist und einen Film dreht. Oder mit den Coca-Cola-Trucks unterwegs ist. Wer ein Kind haben will und nicht weiß, ob das so einfach möglich ist, braucht starke Nerven. Der Druck ist groß. Einerseits steht man immer auf ON und will das nicht aus seinem Fokus verlieren, andererseits kühlt man sich runter, um nicht zu verkrampfen und ein normales Leben zu führen. Man ist gleichzeitig an und aus. Babys machen ist wie ein Date mit der Schulschönheit. Man muss locker bleiben, darf aber nicht locker lassen. Man muss so lässig aussehen, als würde man NICHTS tun, und dabei ALLES geben. Und bloß nicht verkrampfen. Bloß nicht verkrampfen. Bloß nicht verkrampfen …

Lili und ich wissen, wie es geht. Leider wissen wir es zu gut. Wir sind so lässig, dass man uns schon wie Bademäntel über einen Stuhl hängen kann. Kein Stress. Null Körperspannung. Doch dann ändert sich alles. Lili wird aktiv!

Vier Tage dauert es, da kommt sie mit einem Schwangerschaftstest heim. Ich habe mal eine Kolumne über Schwangerschaftstests geschrieben und wüsste genau, wie es geht, darf aber nicht ran. Für alle, die bislang um die Benutzung eines solchen Tests herumgekommen sind, hier eine kurze Einführung ins Thema:

Ein Schwangerschaftstest ist eine Kreuzung aus einem iPhone und einem Busch. Sieht aber aus wie eine Kreuzung aus einem Kugelschreiber und einem Q-Tip. Es gibt einen Teil, der Informationen übermittelt (iPhone), und einen, auf den man uriniert (Busch). Niemals uriniert man auf den iPhone-Teil, da dieser Schaden nehmen könnte. Und niemals wird einem der Busch-Teil Erkenntnisse vermitteln, über die man nicht vorher schon verfügte. Es sei denn, er brennt. Aber das gehört hier nicht hin. Im Grunde genommen ist ein Schwangerschaftstest eine Art Fieberthermometer. Man pinkelt auf den Teil, den man sich normalerweise unter die Zunge schieben würde, und sieht dann an dem Fenster, das einem sonst die Temperatur anzeigt, ob man schwanger ist oder nicht. Ein solcher Test macht keine Fehler. Er bietet 99,4%ige Sicherheit! Und wenn man weiß, wie er funktioniert, bietet er sogar noch mehr!

So ein Gerät weist im Urin ein Hormon namens »humanes Choriongonadotropin«, kurz hCG, nach. Ist man schwanger, hat man hCG im Körper, und hat man es im Körper, zeigt es das Gerät an. In dieser Richtung ist ein Schwangerschaftstest unbestechlich und zu 100 % korrekt. In der Praxis heißt das: Einer nicht schwangeren Frau könnte so ein Gerät EVENTUELL anzeigen, dass sie schwanger ist. Weil sie vielleicht etwas mit hCG gegessen hat. Oder weil sie etwas gestreichelt hat, das in einem Haus aus hCG wohnt. Was dieses Gerät aber nicht kann und niemals machen wird, ist, einer schwangeren Frau anzuzeigen, dass sie NICHT schwanger ist. Es sei denn, sie pinkelt auf die falsche Seite.

Lili packt den Test aus und verdrückt sich alleine ins Bad. Es gibt Geheimnisse zwischen uns. Urin ist eins davon. Als sie zurückkommt, hält sie den Test in der Hand.

»Ich bin nicht schwanger«, sagt sie, »Aber ich glaube, ich hab was falsch gemacht.«

Ich weiß bis heute nicht, was sie falsch gemacht hat. Ich weiß, ich hätte nachfragen können. Aber ich liebe diese Frau. Und ich werde alles verhindern, was mich glauben machen könnte, dass sie allen Ernstes auf die falsche Seite eines Schwangerschaftstests gepinkelt hat.

SCHWANGERSCHAFTSTEST, DIE ZWEITE

Wir wollen nicht glauben, dass Lili nicht schwanger ist. Und das ist das erste Kluge, was wir seit Wochen tun. Lili IST schwanger, und außer uns zwei lustigen Idioten hätte jedes Paar der Erde bereits seit Wochen gewusst, was die Uhr geschlagen hat.

Wir warten natürlich erst mal wieder vier lässige Tage. Es gibt ja noch andere Sachen zu tun. Fernsehabend. Oder duschen. Oder anderen Quatsch. Dann besorge ich einen neuen Test. Lili uriniert nach Anleitung. Wir sind schwanger!

Wir wissen nicht, ob wir viel oder gar nicht reden sollen. Die Last des Wartens fällt von uns ab. Aber wir sind auch immer noch runtergekühlt und realistisch. Immer noch? Das Wunder ist doch bereits geschehen! Aber es gibt ja keine Wunder. Da steht der Weihnachtsmann schneebedeckt in unserer guten Stube, und wir freuen uns. Aber wir fragen uns auch, wie er da reingekommen ist. Ob er es wirklich ist. Und ob er nicht vielleicht kaputt ist und ob wir einen zweiten Weihnachtsmann brauchen, um sicher zu sein.

Wir beschließen, am Montag zur Ärztin zu gehen. Zur richtigen Ärztin. Nicht in die Kinderwunschklinik. Die haben ihren Job ja jetzt gemacht.

Danach liegt der Schwangerschaftstest noch ein halbes Jahr auf unserem Nachttisch. Wahrscheinlich, weil es doch ein sehr, sehr schöner Tag für uns gewesen war.

DREI

WIR MÜSSEN LEIDER DRAUSSEN BLEIBEN

Wenn man schwanger ist, ändert sich ALLES, und zwar auf eine ganz komische Art. Es ist nicht so, als würde man umziehen. Es ist nicht so, als würde man plötzlich zwischen neuen Möbeln in einer völlig neuen Wohnung stehen. Es ist nicht so, als würde man in Urlaub fahren und den Regen von einem Tag auf den anderen gegen einen Palmenstrand tauschen. Es ist eher so, als würde die neue Wohnung bei DIR einziehen. Als würden der Strand und der Regen Urlaub in DIR machen. Du siehst aus wie vorher, machst, was du vorher auch gemacht hast, aber bist dabei nicht mehr derselbe. Du bist durchdrungen von etwas Neuem, und alles, was du tust, steht unter diesem Zeichen. Es ist so, wie man sich seinen 18. Geburtstag immer vorgestellt hat. Der Tag, der alles verändert! Der Tag, an dem man mit Pickelgesicht und Mini-Pimmel daheim ins Bett geht und mit Monsterschwanz und Bier in der Hand im Puff wieder aufwacht. Aber die Wahrheit ist ernüchternd, wenn schon nicht nüchtern. Denn der 18. ist einfach nur ein Tag, an dem man mit Monsterkopfschmerzen in Bierkotze aufwacht. Und die Pickel sind auch noch da! Es ändert sich gar nichts. Nicht, wenn du 18 wirst, nicht, wenn du 30 wirst und auch nicht, wenn du 40 wirst. Aber wenn dir jemand sagt, dass du Vater, Mutter, Kind wirst, DANN ändert sich etwas! Vor allem, wenn dieser Jemand von Letzterem auch noch ein Foto dabei hat.

Als wir das erste Mal zur Frauenärztin gehen, darf ich nicht mit. Ich sitze gegenüber in einem Café und bestelle einen Americano mit etwas heißer, aufgeschäumter Milch. Wir wollen wissen, ob der Schwangerschaftstest eventuell lügt. Niemand ist schwanger, bevor ein Arzt sagt, dass er es ist! Das ist so. Daran ändern kein Test, kein Bauch und keine Indizien etwas. Der erste Tag der Schwangerschaft ist immer der Tag, an dem du mit einem Ultraschallbild aus dem Ärztehaus kommst. Von da an geht es los!

Dass ich währenddessen vor der Türe sitzen muss, passt mir nicht. Ich will auch mit zur Ärztin. Ich bin ein linkes 80er-Kind. Meine Biografie ist friedensbewegt, kommunistisch und emanzipiert. Mein erstes Lieblingsbuch war Svende Merians Emanzipationsroman *Der Tod des Märchenprinzen*. Ich bin als 16-Jähriger alleine, freiwillig und ohne jeden Anlass das erste Mal beim Urologen gewesen. Ich fand, dass Jungs so was auch machen sollten! Ich war in meinem Leben häufiger mit Freundinnen bei Frauenärzten als mit Freunden bei Hafenschlägereien. Ich war zweimal mit meiner besten Freundin in der Notaufnahme der Frauenklinik, weil sie sich einen Tampon eingeführt hatte, obwohl sie schon einen Tampon eingeführt gehabt hatte. Ich war tröstender Gast beim Abbruch einer (nicht durch mich verursachten) Schwangerschaft und habe die Infusion gehalten, als eine Kurpfuscherin einer Ex-Freundin unter Vollnarkose eine Spirale einsetzte. In meiner Top Ten der Arztbesuche steht die Gynäkologie auf Platz 2! Direkt hinter dem Hausarzt und einen Platz vor dem Zahnarzt. Immerhin.

Lili will alleine zur Ärztin. Sie ist kein linkes 80er-Kind. Sie hatte keine Punk-Rock-Band und kein Buch von Svende Merian. Lili ist anders. Anders als ich. Anders als ALLE. Sie sagt selbst über sich, sie sei eine Spießerin. Ist sie aber nicht. Sie vereinigt zwei unvereinbare menschliche Eigenschaften miteinander und bildet damit innerhalb der biologischen Systematik eine neue Gattung. Sie ist konservativ – und sie ist ein Chaot!

Und sie ist das Lustigste, was ich kenne.

Der konservative Teil lässt mich also vor der Türe sitzen und warten. Der chaotische und der lustige Teil aber werden gleich zusammen schwanger aus dem Ärztehaus kommen, einen Kaffee bestellen und dann feststellen, dass sie ihn nicht mehr trinken dürfen. Dann werden sie ihn stehen und kalt werden lassen und sich 20 Minuten später für den Heimweg noch mal einen Kaffee kaufen, von dem sie vergessen haben, dass sie ihn nicht mehr trinken dürfen. Den trinke ich dann!

Kurz darauf kommt Lili tatsächlich aus dem Ärztehaus, geht über die Straße und setzt sich zu mir.

»Wir bekommen ein Baby. Ich bin in der achten oder neunten Woche schwanger.«

Ich bin glücklich, nehme sie in den Arm und mache anschließend mit den Armen Bewegungen, als hätte ich den Golden Globe für das beste Drehbuch gewonnen. Ich versuche auszurechnen, wie viel acht Wochen in Monaten sind, aber es gelingt mir nicht. Ich schüttle den Kopf, weil ich nicht glauben kann, dass wir ein Baby bekommen. Ich schüttle den Kopf, weil ich immer noch nicht verstehe, wieso wir das so lange nicht gemerkt haben. Ich versuche mich zu beruhigen und fange dann wieder von vorne an. Ich bin tatsächlich glücklich! Aller Druck fällt von mir ab, und ich empfinde tiefe, zweifelsfreie Freude. Ich werde ein Baby haben, und obwohl ich keine Ahnung habe, wie es jetzt weitergeht, glaube ich tief und fest daran, dass es eine gute Idee war, ein Kind zu machen. Als Lili mir dann das Ultraschallbild hinhält, fange ich an, den Boden nass zu heulen. Ab dann wird nur noch geweint. Ich weiß nicht, wie lange. Aber lange. Auf dem Ultraschallbild erkennt man tatsächlich etwas. Dreißig Jahre lang habe ich mich über Ultraschallbilder lustig gemacht, weil sie immer aussehen wie »Unwetter über Toronto«, und jetzt halte ich eins in der Hand, auf dem tatsächlich etwas drauf ist. Wir drücken uns und trinken unsere Tränen.

Aber Lili ist nicht so glücklich. Sie ist schon glücklich, aber nicht sooo glücklich. Und es wird auch noch eine Woche dauern, bis sie es ist. Sie bekommt den Dreh nicht so schnell. Sie verunsichert mich und macht mir Angst. Aber ich bin der positiv Denkende von uns beiden und versuche, die Nerven zu behalten. Beim nächsten Mal nimmt Lili mich dann mit rein. Und von da an immer.

Ich werde von nun an jedes Mal weinen, wenn wir zum Ultraschall gehen. Einmal werde ich heulen, als ich das Kind zum ersten Mal selber auf dem Monitor sehe. Einmal, als wir schon fast am Auto sind. Ich werde einmal in der Praxis, einmal vor der Praxis und einmal vor dem Haus weinen, in dem sich die Praxis befindet. Ich werde bei Teenie-Komödien, bei Country-Musik und bei Schöller-Eisreklame weinen. Ich werde weinen, weil ich beobachte, wie eine Fleischfachverkäuferin eine Mortadella zerteilt. Ab jetzt bin ich butterweich.

Das hab ich mir aber auch verdient!

DIE LISTE

Obwohl ich das Thema Kinder bereits von meiner To-Do-Liste gestrichen hatte, gibt es da eine Angewohnheit, über die ich mich selber wundern würde, wenn ich mich nicht schon seit Jahren über GAR NICHTS mehr an mir wundern würde. Ich habe eine Liste! Ich führe diese Liste seit Jahren – und zwar in meinem Handy. Es ist eine Liste mit Kindernamen. Namen, die man im Ernstfall in Erwägung ziehen könnte. Immer, wenn mir ein schöner Name vor die Füße gefallen ist, habe ich ihn aufgehoben und in mein Handy gesteckt. Manchmal habe ich versucht, welche davon an Bedürftige weiterzugeben, bin aber nie einen losgeworden. Es war ein schöner Gedanke, niemals Kinder zu haben. Aber es war ein noch schönerer Gedanke, dass ich, sollte Gott mich wirklich bestrafen wollen, weil ich einmal in einer Kathedrale in Barcelona meine Sonnenbrille und meinen Penis mit Weihwasser gesegnet hatte, und mich doch Vater werden lassen, nicht eine, aber auch wirklich KEINE EINZIGE Minute meines Lebens mit dem doofen Namenspiel würde verbringen müssen. Ich würde meine Liste auspacken. Einen Namen auswählen. Fertig!

Lili ist gerührt, als ich ihr von der Liste erzähle. Wäre ich nicht bereits der Vater ihres zukünftigen Kindes, mit DER Nummer hätte ich sie ins Bett bekommen!

Ich fange an vorzulesen: »Serafina. Griit. Greta. Gus. Kasper. Seppl. Apollo. Tartufo –«

Lili unterbricht. »Tartufo?«

»Ja. Ist eine Eissorte. Glaube ich.«

»Aha.«

Ich freue mich über ihr Interesse für einen meiner Namen. Tartufo ist aber auch wirklich besonders schön! Ich lese weiter. »Oscar. Ufo. Marin. Oona. Pina. Pila. Pippa. Anouk. Galama. Lunettes –«

»Lunettes?«

»Heißt, glaube ich, ›Taschenlampe‹. Auf Französisch.«

»Quatsch! Das heißt ›Brille‹.«

Ich finde »Brille« keinen guten Namen für ein Kind und streiche ihn von der Liste. Dann lese ich weiter. »Minna. Leyla. Colonia. Vienna. Tokio. Shanghai. Fix. Foxi. Foxy. Pussi. Pussy. Posse. Rosine. Chlöe. Armella. Bao Bao. Phoebe. Seven. Wednesday. Friday. Monday. Tuesday. Sunday. Lillith. Meta. Leia. Leia Organa. Leia Organa Solo. Chewbacca. Chewie. Han.«

Lili sagt nichts. Sie sagt sehr lange nichts. Die Luft beginnt sich selber in kleine Scheiben zu schneiden und mir vor die Füße zu fallen. Dann fragt Lili mich sehr ernst, ob ich mich wirklich für geeignet halten würde zu entscheiden, wie unser zukünftiges Kind heißen soll. Und ob ich wirklich der Richtige wäre, um zu entscheiden, wie überhaupt irgendein Kind auf dieser Welt heißen soll.

Ich gehe die Liste noch einmal durch.

Dann beschließe ich, dass ich es wohl nicht bin.

STILLE POST

Drei Tage lang erzählen wir niemandem etwas von dem Baby. Wir glauben es schließlich selber nicht. Vielleicht kommt ja noch jemand und holt es wieder ab. Am Wochenende rufen wir unsere Eltern an. Sie sollen es erfahren, sonst niemand. In den ersten drei Monaten will man nicht, dass jemand etwas erfährt, da in dieser Zeit die Fehlgeburtenrate höher ist als später. Das klingt jetzt doof, aber eigentlich haben Gott und seine Kollegen sich das ganz gut ausgedacht. Sollte ein Baby nämlich krank werden, merkt das der Körper und trägt es nicht aus! Viele Mütter fragen sich gerade am Anfang, besonders wenn sie lange Zeit nicht wussten, dass sie schwanger sind, ob sie etwas getan oder nicht getan haben könnten, das dem Fötus Schaden zugefügt hat. Haben sie meistens nicht. Föten sind hart im Nehmen. Aber fühlen sie sich aus irgendeinem Grund nicht wohl, sicher oder gesund, gehen sie einfach und machen Platz für den nächsten. Heißt also: Drei Monate bangen, niemandem was sagen, aber danach ist auch meistens alles okay!

Am vierten Tag rufen wir Lilis Eltern an. Dann meine Mutter. Dann meinen Vater. Alle freuen sich. Einer weint. Aus Freude. Alle werden auf Verschwiegenheit eingeschworen. Wir wollen nicht, dass die Info aus unseren alten Heimaten in unsere neue rüberschwappt. Lilis Geschwister sind bei ihren Eltern und erfahren es sofort. Meine Geschwister nehme ich mir für die nächste Woche vor. Und vergesse sie. Dann fahren wir in Urlaub.

Nach dem Urlaub ruft meine Mutter an.

»Und? Alles gut bei euch?«

»Ja. Alles gut! Und bei euch?«

»Auch gut. Ich hab eben mit deiner Schwester telefoniert. Ist das eigentlich mittlerweile offiziell? Das mit dem Baby.«

»Eigentlich ja. Wir wollten morgen allen Bescheid geben.«

»Ach, gut. Ich hab's nämlich wirklich niemanden erzählt. Aber dann kann ich das ja jetzt machen. Deine Schwester weiß es ja schon. Aber sonst habe ich es niemandem erzählt.«

»Ach. Melanie weiß es schon?«

»Ja. Und Olaf und Silke.«

»Ach, die auch.«

Olaf ist mein Bruder, Silke seine Freundin. Ich wusste schon, dass sie es schon wussten. Silke hatte Lili gratuliert. Meine Mutter ist eine sehr beliebte Frau. Jeder mag sie, und sie ist dolle lustig. Und sehr kommunikativ, wie mir plötzlich wieder klar wird.

»Und der Oma hab ich's noch erzählt. DIE hat sich gefreut! Aber sonst natürlich niemandem. Ihr habt ja gesagt, dass ihr das nicht wollt. Der anderen Oma natürlich auch. Aber sonst niemandem. Außer der Brigitte Schulz, aber die hat ja selber Kinder. Und ich hab die Frau Böttger getroffen. Die Bettina hat ja auch schon ein Kind. Aber schon länger. Aber sonst hab ich es niemanden erzählt. Ach ja – und Monika Oelich. Aber die heißt ja nicht mehr so. Wie heißt die jetzt noch mal?«

Gut, dass meine Mutter nicht weiß, wie das Internet funktioniert.

LILI

Lili kann innerhalb von 14 Minuten eine Wohnung in einen explodierten Altkleidersack verwandeln, eine Woche darin leben und trotzdem wahnsinnig werden, wenn sie zwischen ihrer Unordnung andere Unordnung findet, die da nicht hingehört.

Lili kennt nur vier Automarken. Mercedes, BMW, Audi und Volvo. Ein Mitsubishi ist kein Auto. Sie selber fährt VW.

Lili hasst Kreuzberg und Neukölln. Aber ihr Lieblingsbäcker, ihr Lieblingscafé, ihr Lieblingsrestaurant, ihre Lieblingsstraße, ihr Lieblings-Bestell-Inder, ihr Lieblingsufer, ihre Lieblings-Jogging-Strecke, ihr Lieblingsspazierweg, ihre Lieblingsschneiderin, ihre Lieblingsautowerkstatt, ihre Lieblingsfreundin, ihre andere Lieblingsfreundin, ihre Lieblingslaternen, ihre Wohnung, ihr Leben und ich sind alle hier. Und sie will hier auf keinen Fall weg.

Lili ist glamourös und bodenständig. Lili mag Hugo Boss und H&M. Christian Louboutin und Deichmann. Exil und IKEA. Sie mag die Sachen von Clarins Cosmetics, benutzt aber mein 79-Cent-Deo. Sie liebt Mainstream-Pop und mich, und immer, wenn ich gerade weiß, wie sie ist, ist sie schon wieder ganz anders.

Lili ist ein Mensch mit ausgeprägten Grundsätzen und trotzdem spontan, offen und neugierig. Und während alle denken, ich sei der Punk und sie die Spießerin, schüttet sie den kompletten Inhalt von drei Handtaschen auf dem Flur aus, gibt mir einen Kuss und geht zur Arbeit.

Und ich räume dann die Spülmaschine aus.

ADRIANO UND ORNELLA

Susan ist unsere gemeinsame beste Freundin. Adriano und Ornella sind unsere gemeinsamen besten Freunde. Eigentlich waren es mal meine Freunde, aber Lili mochte sie, und sie mochten Lili. Adriano und Ornella sind uns ähnlich, denn sie sind sich nicht ähnlich. Jeder von beiden ist etwas, was der andere so gar nicht ist, und nur zusammen sind sie Adriano und Ornella. Auch Lili und ich sind denkbar verschieden, aber gemeinsam besonders. Esoterik? Ich glaube nicht an Yin und Yang. Ich glaube ehrlich gesagt nicht mal, dass Kamillentee gegen Entzündungen hilft. Aber das Bild zweier sich in ihrer Unterschiedlichkeit ergänzenden Menschen, bei denen der eine immer etwas von dem hat, was dem anderen fehlt, und umgekehrt, scheint mir als Beziehungsmodell zunehmend sinnvoll. Jedenfalls sinnvoller als zwei Menschen, die sich gleich sind und alles teilen, aber daran zugrunde gehen, dass beide zu doof sind, den Müll runterzubringen.

Adriano und Ornella wollen ein Baby. Adriano ist tätowiert, und wir fragen uns manchmal, ob die beiden ein tätowiertes Baby bekommen würden. Das ist ihnen egal. Sie würden jedes Baby nehmen. Abends, wenn es dunkel ist, tun sie Dinge, die ihrem Vorhaben förderlich sind. Das machen sie schon länger, aber ähnlich wie bei uns ist nicht ganz klar, ob der klassische Weg auch der ist, der zum Erfolg führt. Also drücken sie sich oft und die Daumen.

Es sind noch vier Tage bis zu unserem Urlaub. Seit fünf Tagen drücken wir uns davor, Adriano und Ornella zu treffen. Seit fünf Tagen drücken wir uns davor, JEDEN zu treffen, den wir kennen. Wir haben Angst, uns zu verplappern. Ich persönlich bin ein erstklassiger Lügner, aber Lili sagt, sie könne unmöglich Ornella treffen und ihr nicht erzählen, dass wir ein Baby bekommen. Sie könne es auch Susan und Suri nicht verheimlichen. Also gucken wir fern, üben kochen und haben uns lieb.

Ich weiß nicht, wer von euch *Star Wars* gesehen hat. Ich hoffe, JEDER hat. In *Star Wars* kämpfen Han Solo, Chewbacca und der niedliche Luke mit Lichtschwertern. Mit solchen Lichtschwertern fuchtelt man ein bisschen rum, und wenn man auf der guten Seite der Macht ist, sind anschließend alle Doofen tot. Der niedliche Luke und sein Lichtschwertlehrer Yoda (der übrigens vom genialen Puppenspieler Frank Oz gespielt wird, der seine Hand auch in Miss Piggy aus der *Muppet Show* hatte!) sind extrem mächtig und müssen sich nie bücken oder zur Anrichte laufen, um ihre Schwerter zu holen. Sie strecken einfach den Arm aus und bringen das Lichtschwert via Macht zum Schweben. Dann bewegt es sich alleine durch den Raum und legt sich seinem Besitzer in die Hand.

Am ersten Tag unserer selbst auferlegten Schweigepflicht läuft alles nach Plan. Wir sagen alle Termine ab. Am zweiten Tag wird es schwieriger. Wir sind extrem beliebt, und alle wollen uns. Wir denken uns Ausreden aus, gucken fern, üben kochen und haben uns lieb. Am dritten Tag sehe ich zum ersten Mal das schwebende Telefon. Wie von der Macht eines Yoda gelenkt, hängt es mitten im Raum. Lili tut so, als sähe sie es nicht. Aber ich weiß, dass das nicht stimmt. Denn SIE ist es, die das Telefon zum Schweben bringt. Sie kann unser Geheimnis nicht mehr für sich behalten und droht jeden Moment zu bersten. Sie will ALLE anrufen. Ornella, Susan, Suri, Sofie, Elke, Gott, die Welt! ALLE!

Am vierten Tag geben wir auf. Wir verabreden uns mit Adriano und Ornella beim Inder. Nur noch einmal schlafen bis zur Abreise in den Urlaub. Nur EIN gemeinsames Essen mit Freunden, dann ist es geschafft. Wir schwören uns, nichts zu sagen. Wir wollen den beiden nicht die Last aufhalsen, die wir selbst kaum tragen können. Ihnen jetzt zu sagen, wie es um uns steht, und sie dann alleine mit der Bürde der Verschwiegenheit in Berlin zurückzulassen, während wir in der Sonne braten und uns freuen, dass wir am Strand niemanden kennen, bei dem wir uns verplappern könnten – nein, das ist nicht fair. Außerdem wissen wir nicht, ob sie bei aller Freude nicht vielleicht auch etwas traurig werden, weil IHR Baby noch nicht geliefert wurde. Das wollen wir nicht.

Das Essen schmeckt. Das Wetter ist zeitgemäß. Wir sitzen draußen. Adriano und Ornella nebeneinander mit Blick auf die Straße, wir ihnen gegenüber mit Blick auf Adriano und Ornella. Es läuft super. Hin und wieder rutscht Lili beinahe ein »Na ja, ich ess ja jetzt auch für zwei« oder ein »JETZT kann man so was ja noch machen« raus. Aber kurz bevor es zum Schlimmsten kommt, biegt sie immer noch mehr oder weniger elegant ab: »Na ja, ich ess ja jetzt auch für … Husten« oder ein lässiges »Jetzt kann man so was ja noch … entkoffeinieren«. Niemand fragt sich, seit wann wir zu Hause Dinge entkoffeinieren. Niemand fragt sich, wie so was überhaupt gehen soll. Und niemand will wissen, wie man für »Husten« isst. Und warum wir so einen Blödsinn reden. Alles ist friedlich. Bald ist es überstanden. Dann erkundigt sich Ornella bei Lili nach unseren Plänen.

»Ihr seid morgen schon ganz früh weg, oder?«

»Ja, wir nehmen den ersten Flug. Mit der anschließenden Fahrt sind wir vielleicht schon am Nachmittag bei meinen Eltern.«

»Wir wollten euch nämlich noch etwas erzählen.«

Das Chicken Tandoori im Tontopf hört auf zu sprudeln.

»Ich bin ... Adriano und ich bekommen ein Baby!«

Es gibt tausend schöne Möglichkeiten, auf solche Neuigkeiten zu reagieren. Ich entscheide mich für keine von Ihnen. Stattdessen lasse ich meinen Kopf mit einem lauten Knall auf den Tisch fallen. Ich spüre, wie der Schmerz durch meine Stirn und die rechte Augenbraue zieht. Der Tisch ist kühl. Also drücke ich meine Stirn noch fester auf die lackierte Holzplatte. Das bringt Linderung! Ich weiß, dass ich gerade nicht das Richtige tue. Aber ich wüsste auch nicht, was ich jetzt SONST tun sollte. Ehrlich gesagt mache ich überhaupt nichts. Mein Körper macht alles alleine. Ich bin entsetzt von mir und setze voll auf Lili.

Lili entscheidet sich auch für die Kopf-auf-Tisch-Variante, bremst aber kurz vor dem Aufprall ab und zieht nach links rüber. Dann reißt sie beide Hände vors Gesicht. Vielleicht, um den Schmerz zu lindern, der ihr aber aufgrund ihres geschickten Ausweichmanövers erspart bleibt. Vielleicht aber auch, weil sie sich jetzt schon so für uns beide schämt und sich sofort an einen anderen Ort wünscht. Nach Xanadu. Oder auf den Mars.

Lili sieht nichts. Ich sehe die Tischplatte. Ich wünsche mir, Lili würde mich ansehen und mir mit den Augen sagen, was ich tun soll. Sie guckt aber in die andere Richtung. Und sie hat die Hände vor dem Gesicht. Was Adriano und Ornella gerade tun, wissen wir also nicht. Aber es muss furchtbar für sie sein! Wir beschließen erst einmal, weiterhin nichts zu tun. Dann wendet Lili den Kopf langsam in meine Richtung. Sie spreizt die Finger ein wenig, sodass sie dazwischen durchgucken kann. Ich nehme Kontakt zu meiner Augenmuskulatur auf und spüre, wie ich die Kontrolle über meinen Körper zurückgewinne. Ich kann meine Augen bewegen! Und genau das tue ich auch. Langsam drehe ich sie nach links, bis am äußersten Rand meine Geliebte ins Sichtfeld zieht. Und plötzlich kommen die Stimmen. Sie sind in unserem Kopf. Jeder hat eine eigene, aber die Worte sind identisch:

»Ihr seid so weit gekommen und habt euer Geheimnis so lange für euch behalten. Ihr dürft jetzt nichts sagen. Ihr dürft jetzt nichts sagen. Ihr dürft jetzt BITTE nichts sagen. Macht euch das jetzt nicht kaputt! Freut euch für die beiden. Klatscht in die Hände, springt auf oder schreit, aber HALTET EUER MAUL.«

Lili wird nichts sagen. Sie ist zäh!

Ich werde auch nichts sagen. Ich kann lügen.

Und dann im Chor:

»WIR AUCH!!!«

Ich glaube, Lili war etwas schneller als ich. Aber man hätte eine Atomstoppuhr gebraucht, um das zu beweisen.

PREGNANCY – THE MOVIE

Wir sitzen immer noch beim Inder. Ich habe aufgehört, den Kopf zu schütteln. Adriano und Ornella sind uns zwei Wochen voraus. Dass wir unsere Kinder wohl nahezu gleichzeitig bekommen, finden wir top. Vier Doofe, die keine Ahnung haben, ergeben zusammen vielleicht einen Doofen mit Halbwissen. Jetzt ist auch klar, warum nur zwei von uns richtiges Bier trinken. Die Mädchen sind alkoholfrei. Ornella zieht das schon seit Wochen durch. Sie hatte uns mit einer Diät belogen, die es nicht gibt. Unser Kind trinkt erst seit einer Woche nicht mehr. Bis dahin war es zügellos. Jetzt hoffen wir, dass es nicht im Weinregal eines Spätkaufs geboren werden will.

(An dieser Stelle ein wichtiger Hinweis: Wenn man bei woxikon.de ein Synonym für das Wort »Schwangerschaft« sucht, wird einem als alternativer Suchbegriff »Schankwirtschaft« angeboten. Ich möchte allen Menschen mit Kinderwunsch an dieser Stelle einen winzigen, aber eventuell wichtigen Hinweis mit auf den Weg geben: Das eine hat mit dem anderen leider wirklich gar nichts zu tun!)

Alle haben wir das Gefühl, dass es mit den Schwangerschaften die Richtigen getroffen hat. Wir kommen uns vor wie in einem Film. Situationen wie diese gibt es im wahren Leben nicht oft. Die Braut, die bei der Trauung »Nein« sagt, der Dorftrottel, der aufgrund komplizierter Erbfolgen plötzlich König seines Landes wird, oder das gequälte Scheidungskind, das einen Song schreibt, Popstar wird und so seine Eltern wieder zusammenbringt – das ist Hollywood. Nicht Kreuzberg. Aber jetzt sind wir plötzlich selbst das Kino. Für ein gut gemachtes Indie-Comedy-Drama hätte es auch gereicht, wenn wir einfach nur Kinder gekriegt hätten. Mit der dazugehörigen Story, wie hoffnungslos alles aussah und dass niemand an uns geglaubt hatte, wären wir beim Sundance-Festival gut weggekommen, und Paul Rudd wäre in der Rolle des Yessica Yeti endlich für den Oscar nominiert worden. (Hätte ihn aber natürlich nicht bekommen.) Dass wir jetzt aber noch in Aussicht stellen können, dass Lili und Ornella die Kinder vielleicht sogar am selben Tag kriegen, ist eine andere Liga! Da müssen jetzt schon Jennifer Aniston und Scarlett Johansson ran. Ich werde trotzdem von Paul Rudd gespielt. Oder Jason Bateman. Und Jack Black spielt Adriano.

Ich feile schon mal am Drehbuch.

PREGNANCY – DER FILM MIT DEM BAUCH

Die beiden besten Freundinnen Lili und Ornella sind unzertrennlich und teilen alles miteinander. Jetzt sind sie auch gemeinsam schwanger. Bei einem Vorstadt-Barbecue geraten die beiden in einen Streit. Ornella behauptet, Lili habe sich ihr Kind nur machen lassen, um ihr nachzueifern. Lili glaubt, Ornella sei nur schwanger geworden, um ihren Freund Adriano, Gitarrist bei der Hardrock-Band Flying Tigers, vom Tour-Leben wegzuholen und ans Haus zu binden. Sie beschließen, nie wieder miteinander zu reden. Die Männer bleiben heimlich befreundet und schmieden einen Plan, um die Freundinnen wieder zusammenzubringen. Sie malen zwei riesige Transparente. Auf dem einen steht: LILI – DU FEHLST MIR. KOMM ZURÜCK! DEINE FREUNDIN ORNELLA. Auf dem anderen steht dasselbe – nur mit vertauschten Namen. Sie planen, die Botschaften an der Autobahnbrücke aufzuhängen. Die eine auf Lilis Weg zur Arbeit, die andere auf Ornellas Weg zum Yoga. Leider trinken beide zu viel und nehmen gegen die Kopfschmerzen versehentlich LSD-Tabletten, die dem ahnungslosen Adriano während einer Razzia von seinem Tour-Manager zugesteckt wurden. Aufgrund allerlei widriger Umstände werden die beiden nackt und mit Wasserfarben bemalt – einer als Gnu, der andere als Zebra – auf der Autobahn aufgegriffen und dabei aus Polizeihubschraubern gefilmt. Das sehen ihre schockierten Freundinnen LIVE im Fernsehen und verbieten ihren Freunden ab sofort den Umgang miteinander. Erst als beide Frauen gleichzeitig ihre Wehen bekommen (Split-Screen!), den Notarzt rufen (Split-Screen!), ihre Männer gleichzeitig herbeieilen (Split-Screen!) und auch die Notarztwagen gleichzeitig (Split-Screen!) angefahren kommen, sehen die vier sich wieder. Doch zu ihrer großen Überraschung sind die beiden Notarztwagen nur EIN Notarztwagen. Und in diesem einen Wagen müssen sie dann die letzten hektischen Minuten vor der Geburt miteinander verbringen. Dabei merken sie plötzlich, wie wichtig sie sich eigentlich sind und wie viel ihnen ihre Freundschaft bedeutet.

Schlussszene: Der viel zu schnell fahrende Notarztwagen kommt mit quietschenden Reifen vor der Klinik zum Stehen. Panisch rennen die Angestellten des Krankenhauses aus der Notaufnahme herbei, um die Schwangeren auf ihren Bahren aus dem Fahrzeug zu heben. Die Hecktüren werden aufgerissen, die Silhouetten im Fahrzeug lichten sich, und es steigen aus: Adriano und Yessica, Ornella und Lili … und die lachenden Babys!

ENDE

PREGNANCY – REPRISE

Adriano bestellt noch mehr Bier, und wir fragen die beiden, ob sie schon wissen, was es wird. Dabei stellen wir fest, das niemand von uns weiß, ab wann man überhaupt wissen kann, was es wird. Eigentlich wissen wir gar nichts. Wir wissen jetzt, wie Babys gemacht werden, aber sonst wissen wir nichts.

Wir stellen uns vor, wie unsere Babys miteinander aufwachsen und rumhängen und irgendwann auf einer Party stehen und erzählen, dass sie sich seit ihrer Geburt kennen. So wie Bamm-Bamm und Pebbles. Vielleicht werden sie auch ein Paar. Adriano und Ornella wollen ein Mädchen, bekommen später aber einen Jungen. Aber das wissen sie jetzt natürlich noch nicht. Wir wollen auch ein Mädchen. Mein Verstand bleibt bei Bamm-Bamm und Pebbles hängen. Die Kinder von Wilma und Fred Feuerstein und von Betty und Barney Geröllheimer sind wie unsere Kinder. Mein Kopf dreht sich. Wird dieser besondere Abend jetzt vielleicht noch durch eine besonders gute Idee von mir ein ganz besonderes Ende finden?

»Ich habe eine Superidee! Bitte jetzt nicht lachen. Ich meine das wirklich ernst, und wenn ihr euch eine Minute gebt, werdet ihr merken, WIE gut diese Idee ist. Aaalso. Ich nehme jetzt mal an, die einen von uns bekommen ein Mädchen und die anderen einen Jungen. Was haltet ihr davon, wenn wir unsere Kinder dann ›Pebbles‹ und ›Bamm-Bamm‹ nennen? So wie bei den Flintstones!«

Die drei nehmen sich wirklich Zeit, darüber nachzudenken. Viel Zeit! Sie lassen die Magie des Moments auf sich einwirken und spüren, wie sie gerade Teil von etwas Großem werden. Sie müssen sich nur darauf einlassen. Und das tun sie. Sie schütteln alle Zwänge und Konventionen von sich ab. Und dann sagt jemand etwas. Ich weiß nicht mehr genau, wer oder was genau es war.

Aber es war so Ähnliches wie: »Ich würde nicht mal einen Hund oder meinen Schuhschrank ›Bamm-Bamm‹ nennen. Wenn ich einen hätte.«

Und darin waren sich so ziemlich alle einig.

WO WAR ICH, ALS MEIN KIND GEZEUGT WURDE?

Ich weiß den Tag, an dem mein Kind geboren werden soll. Es ist der 8. März. Da sind sich alle Ärzte einig. Jetzt will ich wissen, wann es gezeugt wurde. Vielleicht kann ich mich daran erinnern? Vielleicht waren wir an dem Tag im Kino, und ich könnte mein Kind nach einem der Hauptdarsteller aus dem Film benennen. Oder wir waren Eis essen, und ich könnte doch noch mal mit »Tartufo« um die Ecke kommen! Ich nehme unseren Kalender von der Wand und lege den Finger auf den 8. März. Ich weiß, dass Babys neun Monate brauchen, bis sie reif sind. Also gleite ich mit dem Finger langsam zurück. Woche um Woche, Monat um Monat und stoppe an dem Tag, an dem Lili und ich uns liebten wie an keinem anderen Tag. Und da steht: KABELMANN!

Der Satz »Babys kommen nach neun Monaten auf die Welt« ist falsch. Leider! Es ist höllenkompliziert zu verstehen, wie man heutzutage den Geburtstermin eines Babys errechnet. Eigentlich ist es überhaupt nicht zu verstehen. Es gibt Menschen, die wissen, wie es geht. Ärzte zum Beispiel. Oder Lili. Ich aber hab's nicht verstanden. Das ist umso dramatischer, als es in diesem Buch mal ein sehr ambitioniertes Kapitel darüber gab, wie man bei Kindern den Geburtstermin ermittelt. Der war aber Blödsinn. Sagen die Ärzte. Sagt Lili. Sagen alle.

Was ich verstanden habe, ist Folgendes: Eine Frau ist vierzig Wochen schwanger.

Rechnet man pro Monat vier Wochen, dann sind Frauen im Schnitt zehn Monate damit beschäftigt, dicker und dicker zu werden und immer nur darüber zu reden, dass sie dicker und dicker werden. Da aber alle Monate außer dem Februar mehr als vier Wochen lang sind, weil sie nicht 28, sondern 30 oder 31 Tage haben, kommen da am Ende irgendwie doch wieder neun Monate raus. Verstanden? Man unterscheidet also zwischen den schlampig ermittelten neun kalendarischen Monaten, die eine Schwangerschaft dauert, und den zehn mathematisch exakten Monaten, die es braucht, bis das Kind an die frische Luft kommt. In Worten und Tagen: zweihundertachtzig. Merkt euch für euren nächsten Einsatz als Besserwisser: Eine Schwangerschaft dauert 10 Monate à 28 Tage. Die es aber in Wirklichkeit gar nicht gibt. Das war jetzt der unkomplizierte Teil!

Was ich als logisch denkender Mensch, trotz Abitur und angerissenem Hochschulstudium, aber gar nicht verstehen kann, ist Folgendes: Der erste Tag der Schwangerschaft ist der erste Tag der letzten Periode. Noch mal? Der erste Tag der Schwangerschaft ist der erste Tag der letzten Periode. Was stimmt da nicht? Genau! Alle Kinder dieser Erde wurden an einem Tag gezeugt, an dem ihre Mütter ihre Tage hatten. Alle! Selbst die Kinder von Menschen, die nicht miteinander schlafen wenn einer von beiden menstruiert. Alle! Und es geht noch weiter. Der erste Tag der Periode gilt landläufig als empfängnisfreier Tag. Also als ein Tag, an dem man Sex betreiben kann, bis der Vermieter einem kündigt, ohne dass man davon schwanger wird. Das heißt, alle Frauen dieser Erde wurden an einem Tag schwanger, an dem sie nicht schwanger werden konnten. Alle! Das ist doch Quatsch!

Außerdem: An dem Tag, an dem Lili das letzte Mal ihre Tage bekommen hat, war ich gar nicht zu Hause! Wie habe ich das gemacht? Habe ich es überhaupt gemacht? Und wenn nicht ich, wer dann? Jemand, den ich kenne? Jemand, den ich kennen sollte? Jemand, der mich bald mal kennenlernen wird! Bin ich Opfer eines Betrugs oder Opfer der Mathematik?

Und wer zur Hölle ist dieser KABELMANN?

Lili beruhigt mich. Sie kann alles erklären. Der Kabelmann ist der Mann, der unseren Kabelanschluss, unseren Telefonanschluss und unser Internet angeschlossen hat. Als der Kabelmann in der Wohnung war, war Lili auf der Arbeit.

Lili glaubt, dass wir unser Kind auf Mallorca gezeugt haben. Zwei Wochen nachdem der Kabelmann da war.

»Christian« – Lili nennt mich Christian – »du musst dir das so vorstellen. Irgendwann wird man schwanger. Dann bekommt man seine Periode nicht mehr. Um zu ermitteln, seit wann man seine Periode nicht mehr bekommt, gibt es aber nur ein einziges Indiz.«

»Den Termin der letzten Periode?«

»Genau! Wenn du dein Auto im Winter abstellst und einen Monat nicht fährst und dann die Batterie leer ist, seit wann ist sie dann leer? Das weißt du nicht. Aber du weißt, wann es zuletzt noch gefahren ist. Und seit dem Tag bin ich schwanger.«

Heißt das jetzt, dass ich nicht dabei sein muss, um ein Kind zu zeugen? Wenn das stimmt, dann könnte es also passieren, dass mir ein iranischer Terrorist 10 000 Dollar bietet, damit ich 40 Päckchen Häagen-Dazs-Choc-Choc-Chip-Eis in meiner Hose nach Guatemala schmuggle, und meine Freundin genau in DEM Moment schwanger wird, in dem Präsident Álvaro Colom Caballeros mit seinem Teelöffel durch meine Schuhe fährt, um die Ware zu testen? Das macht keinen Sinn! Nicht mal für mich.

Ich denke an die gute alte Zeit, als ich noch Hobby-Sexualberater in Monheim am Rhein war. Und überlege, ob »Mallorca« ein guter Name für ein Kind ist. Oder »Cala Ratjada«. Und dass ich mich eigentlich aus der Namenssache raushalten sollte. Es gibt auch einen Ort auf Mallorca, der »Petra« heißt. Wirklich! Vielleicht haben es die Leute aus Petra ja andersrum gemacht und, statt ein Kind nach einem Ort zu benennen, das Dorf nach einem süßen

Mädchen benannt. Und vielleicht bekomme ich auch ein süßes Mädchen und gebe ihm einen süßen Namen. Und dann fliegen wir zusammen nach Mallorca, ich trete einen Stein um, erkläre den Ort darunter als MEIN und nenne ihn so, wie mein kleines Mädchen heißt. Ja, ich glaube, so mache ich das!

Oder ich nenne sie einfach »Kabelmann«.

VIER

DER ZETTEL

Es gibt viele Dinge, von denen man weiß, dass Schwangere sie nicht tun sollten. Schwangere sollen nicht betrunken auf einem Motorrad durch einen brennenden Feuerreifen springen. Sie sollten auch nicht betrunken aus einem U-Boot aussteigen, das gerade am Meeresboden nach seltenen Muscheln und verlorenem Kleingeld sucht. Ich glaube sogar, sie sollten eigentlich überhaupt nicht betrunken sein. Schwangere sollten sich nie auf waghalsige Wetten einlassen, bei denen sie im Falle einer Niederlage Dinge trinken müssen, die jemandem bei einem Einlauf ausgelaufen sind. Und Schwangere sollten sich nicht von Kränen fallen lassen. Oder von Heißluftballons. Aber ehrlich? Schon bei diesen letzten drei existenziellen Grundregeln bin ich mir nicht sicher, ob sie nicht eigentlich für ALLE Menschen gelten. Oder zumindest gelten sollten. Was aber dürfen Schwangere wirklich und was nicht?

Lili meint beispielsweise plötzlich zu wissen, dass Schwangere außer sich selbst nichts Schweres tragen sollten. Ich selbst habe von einer so absurden Empfehlung natürlich noch nie etwas gehört und betrachte sie als scheinheiligen Versuch, sich vor dem Bierkastenschleppen zu drücken. Trotzdem nehme ich ihre Sorgen ernst. Ich beschließe, sie in solchen Dingen mit gelegentlichem Applaus zu belohnen und zu motivieren.

Besonders rigide und nur bedingt logische Verhaltensregeln für Schwangere gibt es bei der Nahrungsmittelaufnahme. Es gilt das Prinzip: Alles, was du zu dir nimmst, nimmt auch dein Kind zu sich. Isst du Verdorbenes, verdirbst du dein Kind. Isst du Krankes, Bazillen und Bakterien, bekommt dein Kind Husten, Schnupfen, Heiserkeit. Wenn es Glück hat. In allem, was man zu sich nimmt, stecken Koffein, Chinin, Salmonellen, Vitamin A, raffinierte Kohlenhydrate, einfältige Kohlenhydrate, Alkohol, Listerien, Toxoplasmose-Erreger, Zabaione, Karius und Baktus. Trinkst du also vor dem Schlafengehen gewohnheitsmäßig noch ein Glas Rotwein, um dich fürs Bett zu beschweren, ist es sinnvoll, sich über die Trinkgewohnheiten von Babys zu informieren. Sonst beschweren die sich. Vielleicht mögen sie ja lieber Weißwein? Oder Eierlikör. Auch wer sich des Nachts in seine monddunkle Küche schleicht, um heimlich Nutella zu löffeln, sollte sich vorher fragen, ob sein Kind überhaupt Nutella mag. Oder ob es gerade nicht viel lieber ein deftiges Mettbrötchen hätte. Oder beides. Angehende Mütter sind diesbezüglich mit einem natürlichen Instinkt ausgestattet und essen deshalb sehr häufig Mettbrötchen mit Nutella. Gesund ist das aber weder für die Mutter noch für das Kind noch für den Vater. Der macht da nämlich gerne mal mit – und muss anschließend Erbrochenes vom Küchenboden wischen.

Weil frisch Verschwangerte in diesen Dingen also tendenziell ahnungslos sind, gibt es Ärzte und Hebammen. Hebammen sind Frauen, die dummen Schwangeren sagen, was sie zu essen, zu tun und vor allem zu lassen haben. Besonders gute Hebammen können schreiben. Sie drücken einem dann gelegentlich kleine Zettel mit lebenserhaltenden Maßnahmen in die Hand. Unser erster Zettel ist ein großer Zettel. Eine Liste. Eine Liste mit Essen, das ab jetzt nicht mehr oben rein gehört. Babys essen zum Beispiel kein Mett. Und sie trinken weder Weiß- noch Rotwein. Deshalb sollten ihre Mütter das auch nicht tun. Aber wer weiß das schon? Lili und ich beschließen, dass diese Liste weitgehend für uns beide gilt. Heißt: Was sie nicht darf, will ich auch nicht. Der Grund dafür ist weniger ein medizinischer als vielmehr ein moralischer: Wer isst schon gerne Krabbencocktail zum Bier, wenn sich der geliebte Partner gerade mit trockenem Schwarzbrot vollstopft? Ich nicht. Da Lili und ich gerade auf dem Weg in den Urlaub befindlich sind, finden wir, dass ein paar protokollierte Tipps von einer Fachfrau dem ungeborenen Glück eine große Hilfe sein können. Gelesen hat den Zettel bis dahin keiner von uns. Wir wollen ihn ja mit in den Urlaub nehmen.

Mit in den Urlaub genommen hat ihn aber auch keiner.

SICHERHEITSKONTROLLE

Wir sind jetzt im dritten Monat schwanger. Mir sieht man die Schwangerschaft schon deutlich an. Lili dagegen sieht aus wie immer. Das einzige, was an ihr dick ist, ist ihr Koffer. Und den trage ich.

Ich habe in den letzten zehn Jahren viel Zeit und Molkereiprodukte in ein Reshaping meines Körpers investiert. Durch die geschickte und vor allem planlose Kombination von viel Bier, viel Käse, wenig Bewegung und einer Rauchentwöhnung bringe ich es heute auf gute 20 Kilo mehr als noch vor zehn Jahren. Leider verteilen die sich ausschließlich im mittleren Bereich meines Körpers – also im Grunde gar nicht. Wenn ich mich nackt vor einen Spiegel stelle, sehe ich eine Mischung aus der schwangeren Sharon Stone und E.T. Und könnte ich der Wahrheit ins Auge sehen, würde ich Sharon Stone an dieser Stelle sofort wieder herausstreichen und mich auf einen schwangeren E.T. beschränken. Der Vorteil: Lili hasst es, fotografiert zu werden oder sich sonst irgendwie unnötig zu produzieren oder im Mittelpunkt rumzustehen. Sollte sie sich also genieren, sich in einigen Wochen mit dickem Bauch fürs Fotoarchiv ablichten zu lassen, könnten wir einfach Bilder von mir machen und am Computer ihren Kopf obendrauf packen. Fertig! Dann ist Lili zufrieden, und ich bin Körpermodel. Eine Dienstleistung, die ich an dieser Stelle übrigens allen Frauen dieser Erde für ein geringes Entgelt anbieten möchte. Zur Info: Am liebsten trage ich klassische Slips und French Knickers. Fotos im Tanga lehne ich dagegen ab! Wer also etwas braucht, um es jetzt Onkeln und Tanten und später seinen Kindern zu zeigen, meldet sich bitte mit aussagekräftigen Porträtfotos bei meinem Verlag. Ich lege bei der Auswahl der Personen, die ich auf meinen Körper pappen lasse, viel Wert auf natürliche gepflegte Schönheit ohne operative Verschlimmbesserungen und andere Wurstlippigkeiten. Sommersprossen und rote Haare sind dafür herzlich willkommen!

Lili und ich nehmen den frühen Flug. Auf Frühstück zu Hause verzichten wir aus Zeitgründen. Auf unseren Lebenshilfezettel auch. Schon vor Erreichen des Gates stellen sich Hunger und die erste nicht zu beantwortende Frage ein: Dürfen Schwangere Laugenbrezeln essen? Was sind Laugenbrezeln überhaupt? Lauge – so viel zumindest weiß ich – ist irgendwas Giftiges, das Schwangere niemals zu sich nehmen sollten. Werden Laugenbrezeln in Lauge gebacken? Und wieso kann man sie dann überhaupt essen?

Wir verzichten auf den giftigen Snack, machen uns weiter auf den Weg zum Gate und dann in die Sicherheitskontrolle. Doch als Lili die nächste Hürde sieht, die es zu nehmen gilt, verweigert sie.

»Da gehe ich nicht durch!«

»Wo gehst du nicht durch?«

»Na da, durch dieses Ding.«

»Das ist der Sicherheitsscanner. Da müssen wir durch.«

»Und wenn das nicht gut fürs Baby ist?«

Und da haben wir es: unser nächstes Problem! Okay. Mit etwas Nachdenken und ein wenig Durchfragen ist das natürlich nur ein kleines Problem. Aber sollten sich bis zum Start des Flugzeugs noch zwei weitere dieser kleinen Probleme auftun – und das werden sie gleich –, dann sind das schon vier kleine Probleme pro Stunde. Viermal pro Stunde nicht genau wissen, was zu tun ist. Trotz Abitur. Trotz gelb-grünem Gürtel in Taekwondo. Das sind bei 16 wachen Stunden am Tag 64 neue Probleme, von denen man bisher nicht ahnte, dass es sie gibt. Wie soll man denn da jemals irgendwo ankommen? Und wer rechnet das jetzt bitte mal auf neun Monate hoch? Oder zehn?

Ein freundlicher Sicherheitsbeauftragter klärt uns auf. Das Passieren der Sicherheitskontrolle ist für Schwangere völlig ungefährlich. Es piept auch nicht. Babys seien nicht aus Metall. Na ja. Immerhin DAS weiß ich jetzt. Die Frage nach der genauen Materialbeschaffenheit von Babys hatte mich nämlich schon einmal mehrere Stunden in der Nacht wachgehalten. Metall kann ich jetzt also von der Liste streichen. Und Plutonium wahrscheinlich auch. Ich schätze mal, das wird hier auch kontrolliert.

Hinter der Sicherheitsschranke ist der Hunger wieder unser größtes Problem. Bei Marché gibt es leckere belegte Brötchen, für die man sich in der Marketing-Abteilung herrlich italienisch klingende Namen ausgedacht hat. So können sie die belegten Brötchen jetzt fürs Doppelte verkaufen, und die Menschen sind über ihren Kauf auch noch doppelt so glücklich. Eine klassische Win-Win-Situation, die uns bereits vor dem Geschäftsabschluss gute Laune macht.

»Ist das Camembert?«

Lili zeigt auf ein Brötchen. Die freundliche Fachverkäuferin, die vermutlich auch einen italienischen Namen aus der Marketingabteilung trägt, nickt bestätigend.

»Und ist der aus Rohmilch gemacht?«

Aus was? Ich persönlich habe keine Ahnung, was Rohmilch ist. Ich kann es mir irgendwie herleiten, aber wirklich wissen tue ich es nicht. Ich habe auch keine Ahnung, woher Lili dieses Wort kennt Aber sie hat es gerade gesagt. Also weiß sie etwas darüber. Nur woher? Langsam schwant mir, dass einer von uns beiden vielleicht doch mal auf den Zettel geguckt hat, bevor wir ihn auf dem Küchentisch haben liegen lassen. Und da ich es nicht war, verdächtige ich Lili.

»Hast du vor unserer Abreise noch auf den Zettel geguckt?«

»Auf welchen Zettel?«

»Na, auf den Zettel, den wir nicht dabei haben.«

»Nee, nur einmal kurz.«

»Und was stand da drauf?«

»Dass ich keinen Rohmilchkäse essen darf.«

»Und was ist das?«

»Keine Ahnung.«

Keine Ahnung hat auch die Brötchenverkäuferin. Ebenso ihr Kollege. Und ihr anderer Kollege und ihr Chef. Sogar der Mann, der die Brötchen geschnitten und belegt hat, weiß nicht, was Rohmilchkäse ist und ob Camembert eventuell dieser Käsegattung zugehörig ist. Auch die Leute in der Schlange hinter uns, die wahnsinnig gerne wüssten, was Rohmilchkäse ist, damit die Frage geklärt ist, wir endlich in den Flieger steigen und sie an der Reihe sind, sich eigene Fragen auszudenken, die die Brötchenverkäufer in den Wahnsinn treiben, haben keine Ahnung. Lili kauft ein Schinkenbrötchen. Ein Schinkenbrötchen, von dem wir später erfahren werden, dass sie es nicht hätte essen dürfen. Genauso wenig wie das Camembert-Brötchen. Und auch das Lachsbrötchen, das Matjesbrötchen und die Flasche Bitter-Lemon, die wir dann (zumindest die) allesamt instinktiv doch nicht kaufen, obwohl sie uns so anlächeln.

Im Flieger fragen wir uns, wie schwanger man sein muss, damit sie einen nicht mehr mitnehmen. Und ob Schwangere sich eigentlich anschnallen müssen? Und wie? Mit dem Gurt quer über dem Baby? Oder mit Kissen dazwischen? Oder unter dem Baby her? Und wo genau ist eigentlich »unter dem Baby her«? Ich meine, Schwangere, die so schwanger sind, dass man es sieht, haben kein Problem. Sie ziehen den Gurt einfach unter ihrem Bauch lang, und das Baby wird beim Eintritt des größten anzunehmenden Wahnsinns zumindest nicht zerquetscht. Aber Lili ist nicht dick. Und ehrlich gesagt wissen wir gar nicht so hundertprozentig, wo denn das Baby da unten liegt. Lili beschließt, uns und die Menschen um uns herum nicht länger zu nerven, und schnallt sich einfach an. Wir haben acht Kilo Handgepäck in Form von Baby-Büchern dabei, und es wird Zeit, sie zu lesen und auswendig zu lernen. Bis nach Zagreb sind es zweieinhalb Stunden. Da dürften zwei bis drei Kilo zu schaffen sein.

Ein Flugbegleiter kommt. »Pilzgericht oder Krabbencocktail?«

»Zwei Wasser, bitte. Ohne alles.«

BOSNIEN & HERZEGOWINA

Unser letzter Urlaub ohne Kind wird in zwei Hälften geteilt. In der ersten besuchen wir Verwandte. Wir treffen Lilis Eltern und ihre Schwester, vor allem aber jede Menge Tanten und Onkel und eine Oma. In der zweiten Hälfte fahren wir zu zweit ans Meer. Exakt diesen Urlaub hatten wir im Jahr davor schon mal gemacht. Und er war perfekt gewesen:

Der erste Teil unserer Reise hatte uns nach Bosnien geführt. Bosnien liegt in der Mitte des ehemaligen Jugoslawien. Bosnien ist schweineschön, die Leute schweinenett und die Schweine schweinelecker. Letzteres werde ich aber erst in ein paar Tagen erfahren. Als ich aus dem Flieger steige, bin ich noch und bereits seit 19 Jahren fleischfrei. Und in all den Jahren habe ich nicht ein einziges Mal gesündigt. Kein Schinken, kein Speck, keine Brühe. Und das ohne missionierende Vorträge und Gejammer. Vor 20 Jahren fand ich Fleisch mal sehr lecker. Fände ich wahrscheinlich jetzt noch, kann mich aber nicht mehr so genau daran erinnern. Irgendwann habe ich beschlossen, die Häuser und Autos von Kühen, Schweinen und Hühnern doof zu finden. Sind sie ja auch. Ich kenne zumindest niemanden, der sein Gartenhäuschen gegen einen Stehplatz in der Hühnermast oder seinen Seat Ibiza gegen das Großraumabteil im Schweinetransporter tauschen würde. Dass ich trotzdem in wenigen Tagen unschuldigen Schinken essen werde, habe ich einem namenlosen Schweinchen und Lilis Baka zu verdanken. Und mir selbst natürlich.

Baka ist Lilis Oma. Sie heißt nicht Baka. Oder vielleicht doch. Ich glaube eher, alle bosnischen Omas heißen Baka. Lilis Baka jedenfalls heißt auch Baka, und sie ist sehr alt. Und sehr Oma. Wer jetzt die Augen schließt und sich eine nette alte Land-Oma mitten im bosnischen Nichts vorstellt, sieht sie genau vor sich. Denn sie sieht eben exakt so aus, wie man sich eine Land-Oma im bosnischen Nichts vorstellt. Eine Bilderbuch-Oma. Eine tschechische Kinderfilm-Großmutter. Eine Emir-Kusturica-Oma in einer Emir-Kusturica-Landschaft, die mit einem Besenstiel in der Hand auf einem alten Holztisch Pita-Teig ausrollt. Die Oma vom Geißen-Peter.

Baka hat ein Schweinchen. Sie hat jedes Jahr eins. Manchmal auch zwei oder drei, falls sie für irgendein besonderes Fest etwas zum Verschenken braucht, vermute ich. Aber sonst immer nur eins. Sie hat auch Kühe und Hühner und was man sonst noch so hat, wenn man auf dem Land lebt. Aber um die Kühe und die Hühner und das meiste andere kümmern sich Lilis Onkel und Tante, die gemeinsam mit Baka zusammen in einem schönen Haus im bosnischen Nichts wohnen. Um das Schweinchen kümmert sie sich selbst.

Den Culture-Clash mit dem bosnischen Landleben hatte ich schon im Vorjahr hinter mich gebracht. Mich traf es dabei dreifach hart. Ich war nicht nur vom gefühlten anderen Ende der Welt. Ich war darüber hinaus auch noch ein dummes Stadtkind. Und dann noch eins, das auf keinen Fall Fleisch essen wollte.

Als Erstes wurde das Stadtkind also landgelüftet. Ich persönlich bin für das einfache Leben in der Natur ungefähr so gut geeignet wie ein Yorkshire-Terrier fürs Ponyreiten. Nicht wie ein Terrier, der auf einem Pferd sitzen soll. Sondern wie ein Terrier, der das Pony sein soll. Mit King Kong als Reiter.

Ich weiß nichts über Mais, Kartoffeln und Bohnen. Als ich das erste Mal eine Bohnenranke sehe, wird mir klar, dass ich bis dahin geschätzte 0,0 Sekunden meines Lebens damit verbracht habe, mir Gedanken darüber zu machen, wo oder wie oder ob überhaupt Bohnen wachsen. Und obwohl ich beim Pflücken meiner ersten Bohne so lässig wirke, als lehnte ich gerade an einem roten Sportwagen, kommen mir in Wahrheit doch die Tränen vor Aufregung. Und vor Glück.

(Tränen, von denen ich übrigens behaupte, sie kämen vom Fahrtwind. Was natürlich keinen Sinn ergibt, weil ich ja stehe. Nicht nur in meiner Fantasie vor dem roten Porsche, sondern auch in echt. Außerdem gibt es auf dem Feld weit und breit keine Autos. Noch nicht mal Trecker. Also kein Fahrtwind. Was aber auch egal ist, denn was ergibt denn überhaupt Sinn, wenn man mit über 40 Jahren immer noch nicht weiß, wie Bohnen wachsen? Oder Erbsen. Oder Oberginen. Oder wie man die schreibt. Oder was Mangold ist. Und dass man nicht automatisch reich ist, wenn man ganz viel davon hat.)

Ich jedenfalls weiß nichts von Bäumen und Sträuchern. Nur dass man nicht raufklettern sollte und dass sie piksen. Ich vermute zu diesem Zeitpunkt zwar bereits, dass Kühe nicht lila sind und Schweine nicht sprechen können. Und dass sie auch nicht gemolken werden. Aber sicher bin ich mir nicht.

Heute bin ich natürlich schlauer. Aber die Bosnier auch! So schnell schicken die nicht noch mal einen Städter aufs Feld und lassen ihn dort unkontrolliert Bohnen pflücken. Der ist im Idealfall nämlich so gerührt vom bescheuerten Bohnenpflücken, dass er genug für einen ganzen schweren Winter zusammenpflückt. Was die Ernährung in den nächsten Wochen nicht zwingend spannender macht.

Mein zweites Problem: die Sprache. Ich spreche kein Bosnisch. Aber wer tut das schon? Es gibt wissenschaftliche Untersuchungen darüber, dass nicht mal Bosnier Bosnisch sprechen. Tatsache ist nämlich, dass sowohl Wortschatz als auch Grammatik des Bosnischen, Kroatischen und Serbischen so ähnlich sind, dass sich alle Bosnischsprechenden mühelos mit Sprechern des Serbischen und Kroatischen unterhalten können. Und die untereinander natürlich auch. Nüchtern wie betrunken. Der Krieg aber wollte, dass die Jugoslawen heute alle keine mehr sind. Und dass viele von Ihnen einander jetzt doof finden. Deshalb haben sie sich nicht nur neue Länder, sondern auch tolle neue Sprachen ausgedacht. Ein dämlicher Umstand, den sogar die Wörterbuchindustrie weitgehend ignoriert, indem sie darauf verzichtet, irgendwelchen armen Irren drei verschiedene Übersetzungsbücher für ein und dieselbe Sprache zu verkaufen. Stattdessen verkauft sie armen Irren nur zwei verschiedene Übersetzungsbücher für ein und dieselbe Sprache und ignoriert dabei die Bosnier. Die müssen sich jetzt jeden Morgen selber aussuchen, welche Sprache sie sprechen. Um sich dann am Nachmittag mit den Nachbarn zu prügeln, wenn die sich für die andere Sprache entschieden haben.

Lilis Leute sprechen alle irgendwas. Die meisten von ihnen einfach nur politisch unkorrektes Jugoslawisch. Und prügeln tun sie sich auch nicht. Im Gegenteil! Warum auch? Was könnte dümmer sein? Jugos sind überall. In den Finanzabteilungen der großen Wirtschaftsunternehmen. In allen Taxen Europas. Bei der Maniküre. Bei der Pediküre. Bei Edeka. Vor der Theke in der Bar. Hinter der Theke in der Bar. Beim Casting. In der Galerie, der Agentur und im Abspann jedes Kinofilms. Sogar in Abspännen von isländischen Filmen sind sie. Und wann immer sie sich begegnen und hören und erkennen, ist die Freude groß. Und ich freue mich mit. Ich verstehe kein Wort, aber ich freue mich. Irgendwie gehöre ich dazu. Und wenn ich bald ein Baby bekomme, dann bekommt das Baby einen Jugo-Nachnamen. Den von Mama. Geheiratet wird nicht. Mein Baby wird ein Berliner. Oder eine Berlinerin. Eine kölsche Berlinerin. Eine kölsche Jugo-Berlinerin. Eine kölsche Jugo-Berlinerin, deren Vater in Wahrheit nur FAST Kölner ist und deren Mutter auch keine Minute ihres Lebens in Jugoslawien gelebt hat. Ein ganz normaler Weltbürger eben.

Und hoffentlich einer, der weiß, wie die Bohnen wachsen.

FUSSBALL

Liebe Fußballfreunde aus Serbien, Kroatien, Bosnien und Herzegowina, Montenegro, Mazedonien und Slowenien. Damit sich dieses Buch der Politik fernhält und trotzdem mal gesagt wird, was gesagt werden muss:

Seid ihr euch eigentlich darüber im Klaren, was ihr für eine Fußball-Macht wärt, wenn ihr den Scheiß einfach gelassen hättet?

Selber schuld.

DIE UNBEKANNTE

Wenn Menschen zusammenkommen, wird gegessen. Wenn Kulturen clashen, wird immer gekaut. Das ist so. Egal, ob in Nepal, in Stockholm oder der brandenburgischen Schweiz: Gastfreundlichkeit bedeutet, Menschen zu bewirten. Und in dieser Disziplin gehört der Bosnier zur europäischen Spitze. Da lässt er sich auch von Vegetarismus nicht abschrecken. Hauptnahrungsmittel sind hier natürlich das sich drehende Schwein und weitere 156 Fleischsorten vom Holzkohlengrill. Aber schon auf Platz zwei steht ein vegetarisches Gericht: die Pita. Ein herzhaft gefülltes Blätterteiggebäck. Ähnlich wie Börek, nur irgendwie nudeliger. Pita lässt sich mit allem füllen, was der Mund mag. Mit Käse oder Spinat, mit Auberginen, Tomaten und allem, was im Kühlschrank so rumliegt. Wahrscheinlich sogar mit Nutella. Ich liebe Pita. Und wahrscheinlich hat Gott mich auserwählt, denn Lilis Mutter ist die beste Pita-Bäckerin des Universums. Sie hat es von ihrer Mutter gelernt und die von ihrer Mutter, und so standen Generationen von Pita-Bäckerinnen mit langen Besenstielen an ihren Küchentischen und haben die geheime Zubereitung zur Vollendung geführt. Nur für mich!

Auch über die Pita hinaus ist die bosnische Küche voll mit vegetarischen Spezialitäten. Und da jedes Gericht zu mindestens 50 % aus Fett besteht, schmeckt alles immer großartig und wunderbar. Ich glaube nicht, dass irgendjemand von Lilis Verwandten verstanden hatte, warum ich kein Fleisch esse. Aber es konnte ihnen auch völlig schnuppe sein. Es gab ja genügend Alternativen. Und wenn ich vom Mars gewesen wäre: Sie hätten mich schon satt und glücklich gemacht. Leider funktioniert die Gastfreundschaft in Bosnien nicht nur über den guten Geschmack, sondern vor allem auch über die gute Portionierung. Das geht ungefähr so:

Hast du zehn Gäste, brauchst du für ungefähr 20 Gäste Fleisch und Wurst. Hierbei ist darauf zu achten, dass du immer eine kleine Auswahl von sagen wir mal vier verschiedenen Fleischsorten anbietest. Damit vervierfacht sich der Posten »Grillgut« auf Muh und Mäh für ungefähr 80 Gäste. Hast du unter deinen zehn Gästen jetzt einen, der kein Fleisch isst, musst du ihm natürlich auch Essen für zwei Personen in vier vegetarischen Alternativen anbieten. Also acht Portionen. Verstanden? Nicht? Dann noch mal lesen!

In extremen Situationen ist der Mensch angehalten, sich lässig und flexibel den Extremen zu stellen. Von etwas sehr Leckerem die achtfache Menge zu essen – also mindestens viermal so viel, wie es die menschliche Physis überhaupt ermöglicht –, ist eine Aufgabe, der ich mich im Sinne der Gastnehmerfreundlichkeit gerne lässig und auch enorm flexibel stellen würde. Leider gibt es in der bosnischen Kochmathematik etwas, das in mein Rechenbeispiel noch nicht eingeflossen ist: die Unbekannte!

Die Unbekannte ist ein Wert in der bosnischen Koch-Rechenlehre, bei dem es sich streng genommen eigentlich um eine Bekannte handelt. Das Unbekannte an der Unbekannten ist nur, ob dieser Wert am Ende voll ausgeschöpft wird. Praktisch sieht das so aus: Was ist, wenn in meinem obigen Rechenbeispiel einer der zehn Fleischfresser plötzlich gerne ein Stück Pita oder eine mit Reis gefüllte Paprika hätte? Davon gibt es bislang ja nur acht Stück, und die sind bereits einer Person zugeteilt. Es bleiben aber neun weitere Kandidaten, die eventuell nach einem Stück mit Reis gefüllter Paprika verlangen könnten. Addiert man nun diese neun Personen zu der Person, die sowieso schon acht Stück mit Reis gefüllte Paprika essen wird, ergibt sich unsere Unbekannte. In unserem Fall ist es der Wert zehn. De facto heißt das: Bei voller Ausschöpfung der Unbekannten 10 brauchen wir am Tisch nicht acht, sondern 80 vegetarische Gerichte, die aber im schlimmsten Fall von nur einer einzigen Person gegessen werden müssen: von mir.

Was aber, wenn der Vegetarier sich während des Essens plötzlich überlegt, kein Vegetarier mehr sein zu wollen? Kein Problem! Damit rechnet der Bosnier sowieso immer. Schließlich ist Vegetarismus so etwas wie ein Husten. Das richtet sich schon wieder! Auf diesen Fall ist man also auch vorbereitet. Und wer eben gut aufgepasst hat, wird längst bemerkt haben, dass der Vegetarier in der Fleischrechnung als voller Wert mitgerechnet wurde. Auch wer in Bosnien zehn Vegetarier bewirtet, stellt also mindestens 80 Portionen Fleisch auf den Tisch.

So einfach geht das!

GANZ ALLEIN

Und so sitze ich da. Ganz allein. Tag für Tag. Abend für Abend. Vor 40–80 Portionen vegetarischer Gerichte. Und niemand hilft mir. Warum auch? Die anderen müssen ja selber noch 60 bis 80 Kilo Fleisch essen. Oder sie erbarmen sich zwischendurch kurz und nehmen mir ein Paar Pommes ab. Zwei kleine Pommes. Nicht mehr. Sonst werde ich ja nicht satt. Sind ja extra für mich frittiert worden, die mehreren Kilo Pommes.

Lilis Mutter hat mal zu mir gesagt: »Christian, du kannst essen, was du willst. Aber du musst nichts essen. Lass dich von niemandem zwingen, etwas zu essen, und hör auf, wenn du keinen Hunger mehr hast.«

Ich liebe Lilis Mutter. Auch wenn sie mich Christian nennt. Ich kaue zu Ende und beschließe, einfach mal eine Pause zu machen. Vielleicht merkt es ja keiner. Plötzlich sticht einer mit seiner Gabel in den großen Pita-Berg vor mir und erleichtert mich um ein großes Stück vom feinen Fettgebäck.

Die Sau. Ausgerechnet die Pita!

DER EIMER

Wir sitzen am Tisch. Tante Rose hat gekocht. Das fette Essen duftet herrlich in der Sommersonne. Der Wind steht. Der Duft kann nicht weg. Er bleibt bei mir. Alle unterhalten sich. Ich verstehe kein Wort. Aber ich nicke zwischendurch und lächle nett. Von Weitem sieht es wohl tatsächlich so aus, als würde ich verstehen, was die Menschen sagen. Tue ich aber nicht. Vielleicht bilde ich mir ein, etwas von der Sprache zu lernen, wenn ich nur gut aufpasse. Aber schon im nächsten Jahr werde ich diesen Irrglauben ad acta legen und dafür konzentrierter an meiner Nick-und-Lächel-Technik arbeiten. Ich habe den Mund voll. Ich kaue nicht. Die Pita schmilzt auf meiner Zunge. Baka steht auf. Wenn man sehr alt ist, wird man wieder ein bisschen wie ein Baby. Alles, was einem zwischendurch so einfach vorkam, ist plötzlich wieder so schwer wie am Anfang. Aufstehen zum Beispiel. Oder laufen. Baka geht los. Langsam. Sie greift sich einen Eimer und trägt ihn irgendwo hin. Der Eimer ist dreckig, und ich frage mich, was wohl in ihm drin ist. Und warum hier alle sitzen und zugucken, wie eine alte Frau einen schweren, dreckigen Eimer tragen muss. Ehrlich gesagt gucken sie auch gar nicht. Es scheint ihnen völlig egal zu sein, dass sie sich abmüht. Also stehe ich auf und tue das, was ich in der großen Stadt gelernt habe: Türen aufhalten, Einkäufe tragen, schwere Dinge in den Keller bringen und ... alten Frauen den Eimer tragen. Baka freut sich. Sie versteht nicht, warum ich den Eimer tragen will, aber sie freut sich. Und sie redet mit mir. Keine Ahnung was, aber sie redet. Etwas davon verstehe ich sogar. Sie macht sich Sorgen. Um meine Hose. Der Eimer ist dreckig, sie ist dreckig, und der saubere Mann aus der Stadt trägt den Eimer. Das ist nett, aber es ergibt keinen Sinn. Nicht für eine alte Bäuerin aus Bosnien, die sich durch Jahrzehnte harter Feldarbeit gekämpft hat und für die einen Eimer zu tragen vermutlich so ist wie für mich, eine SMS zu tippen. Wir kennen uns erst seit zwei Stunden, und jetzt stapfen wir beide hier durch den Culture-Clash – vorbei an alten Holzschuppen, in denen Mais getrocknet, Schinken geräuchert und Schnaps gebrannt wird. Mit einem Eimer in der Hand. Und wohin überhaupt?

In einem Schlammhaufen mit angrenzendem Mini-Stall sitzt ein kleines Schweinchen. Was ich getragen habe, waren Essensreste. Schweinefutter. Das Schweinchen quiekt und freut sich. Ich will den Inhalt des Eimers in den Schlamm kippen. Aber Baka interveniert. Mit der sauberen Hose den dreckigen Eimer tragen, das war gerade noch okay. Aber jetzt mit den sauberen Schuhen in den Schlamm: Das geht nicht. Meine Chucks nicken zustimmend, und zu dritt schauen wir ihr beim Füttern zu.

Als dem Rückweg stütze ich sie. Sie trägt den Eimer, und sie freut sich. Und ich mich auch.

In einem Jahr werden Lili und ich an diesen Ort zurückkehren. In das Haus von Baka, in dem sie mit Tante Rose, deren Mann und manchmal auch noch mit zwei anderen Tanten von Lili lebt. Dann werden wir ihr sagen, dass wir ein Baby bekommen. Und Baka wird sehr glücklich sein. Und dann wird sie mich daran erinnern, wie ich ihr im letzten Jahr den Eimer getragen habe. Und dann wird sie sagen, dass sie mich liebt. Obwohl wir noch nie ein Wort miteinander geredet haben, wird sie mir sagen, dass sie mich liebt.

SCHINKEN UND KÄSE

Genau ein Jahr nach der Geschichte mit dem Eimer und eine halbe Stunde nach Bakas Liebesgeständnis hält mir die Familie einen Teller hin. Einen Teller mit geräuchertem Schinken. Alle gemeinsam erzählen sie mir eine Geschichte dazu. Auf Bosnisch. Und zum ersten Mal verstehe ich jedes Wort: dass dieser Schinken aus dem Schweinchen gemacht wurde, das ich im letzten Jahr füttern wollte. Dass der Schinken in dem kleinen Schuppen geräuchert wurde, an dem ich im letzten Jahr den Eimer vorbeigetragen habe. Dass der Käse, der daneben liegt, aus der Milch der beiden Kühe unten im Stall gemacht wurde. Und zwar genau hier, in dieser Küche, in der ich gerade sitze.

Ich überlege, wie ich diesen Menschen endlich einmal sagen kann, dass ich sie mag. Und dass ich gerne hier bin. Und das am liebsten, ohne diese verfluchte Sprache zu lernen, die ich eh nie kapieren werde.

Also greife ich zu. Einmal. Ein zweites Mal. Ein drittes Mal. Mmmhh. Schinken. Lecker. Und so rauchig. Ein viertes Mal. Ein bisschen wie Gummi. Aber wie leckeres Gummi. Jetzt ein Stück Käse. Hallo, Kühe! Mmmhhh. Und jetzt noch mal was vom Schinken. Schmilzt auch auf der Zunge.

In dieser Sekunde beschließe ich, wieder Fleisch zu essen. Ich werde in diesem Urlaub jede Sorte Fleisch essen, die es gibt. Jede einmal. Um mich zu erinnern. Hack, Rind, Lamm und alles andere, von dem ich weder weiß, wie es aussieht, noch, wie es heißt, noch, wie es sich von dem anderen unterscheidet, von dem ich nicht weiß, wie es aussieht oder heißt.

Ich tue dies sehr bewusst und im Wissen, dass keines dieser Stücke Fleisch auch nur annähernd so glücklich gewesen sein wird, wie ich es in diesem Moment bin und das Stückchen Schinken, das ich im Mund habe, einst war. Und ich schiebe niemandem dafür die Schuld in die Schuhe. Jetzt nicht und später nicht. Ich esse jetzt Fleisch.

Und was ich danach mache … entscheide ich danach.

INTERMEZZO NO. 1: GRILL ROYAL

Ein Bosnier ohne Grill ist wie ein Mann ohne Sack. Wenn ein Bosnier kocht, dann grillt er. Er grillt im Garten, an der Straße, auf dem Balkon, vor dem Haus, hinter dem Haus, im Haus und wahrscheinlich auch im Keller. Am liebsten grillt er vor der Garage, und drinnen sitzen die Lieben wie im Showroom eines Miniatur-Autohauses und harren der Dinge, die dann auch reichlich kommen. Ich habe Familien mit den schönsten Häusern und den hübschesten Gärten getroffen, aber niemals hat mich jemand an einen schön gedeckten Tisch in seinem Wohnzimmer oder auf seine saftig-grüne Wiese unter einen schattigen Baum gebeten, um dort etwas zu essen. Die Wiese gab's immer, den Baum oft, aber gegessen wurde ausnahmslos in der Garage. Ich glaube, wenn eine brennende Cessna bei einer unplanmäßigen Landung auf einem bosnischen Grundstück explodiert und alles zerstört, was die Familie besitzt, würde man als erstes die Garage wieder aufbauen.

Einmal habe ich gesehen, wie sich tatsächlich jemand einen Grill – in einer Größe, dass sich ein komplettes Schwein dort locker seinen finalen Sonnenbrand hätte zuziehen können – mit Stein und Beton in seine Autogarage hineingemauert hatte. Der Rauch des Garagengrills wurde mit Hilfe eines Rohres durch das komplette darüber liegende Haus hindurch aus dem Schornstein befördert. Der Mann ist inzwischen vermutlich Ehrenbürger seiner Heimatstadt und wird nach einem hoffentlich langen Leben irgendwann auf dem Marktplatz beigesetzt. Auf einem Grill, versteht sich.

Aber auch die Grillgarage ist nichts gegen den Grill Royal. Der Grill Royal ist die Mutter und der Vater aller Grills. Ich habe ihn auf einem bosnischen Volksfest getroffen – und er mich mitten in mein damals schon nicht mehr vollständig, aber doch noch ziemlich vegetarisches Herz. Der Grill Royal ist eine terrassengroße Lämmerzubereitungsmaschine. Eine Art liegender Hähnchengrill ohne Fensterscheiben, auf dem sich bis zu 14(!) aufgespießte Lämmchen oder auch Schweinchen zum Holzfeuerknistern im Kreis drehen. Der Mann, der das gut Gegrillte anschließend in kleine Häppchen hackt und seinen Gästen auf den Pappteller wirft, ist übrigens weder in Farbe noch Textur von seinen Bratschweinen zu unterscheiden.

Und seine Gäste irgendwann auch nicht mehr.

MÖWEN

Nachdem der erste Teil unseres Urlaubs beendet ist, geht es in den eigentlichen Urlaub. Wir sind bemietwagent und lassen es lässig brummen. Erst mal nach Split, gucken, was so geht. Wir haben nichts geplant. Wir wissen nicht, wo wir schlafen, wo wir hinwollen, was wir vorhaben. Aber da wir schon letztes Jahr hier waren, wissen wir zumindest, dass man in Kroatien auch ohne Ziel und Planung irgendwo landet, wo es so schön ist, dass einem die Worte fehlen. Und dass man immer irgendwo noch ein Zimmer findet. Das macht man so: Man sucht sich ein nettes Café, setzt seine Freundin hinein und rollt ihr eine möglichst aktuelle Ausgabe der *Gala* aus. Oder der *Grazia*. Oder Kuchen. Dann hält man Ausschau nach Häusern mit Schildern davor, auf die meine Mutter geschrieben hätte: »Kommse rein, könnse rausgucken.« Man schaut sich drei bis vier davon an, erstellt Exposés, zeigt diese der Freundin und nimmt dann die lustigste der Wohnungen. Die mit den meisten Jesusbildern, den schönsten gehäkelten Tagesdecken, dem allerweichsten Bett, dem dekorativsten Furnierholz-Optik-Interieur und den vergilbtesten privaten Familienbildern an den Wänden. Dann trinkt man zusammen einen Schnaps und bezieht sein neues Drei-Tage-Domizil.

Eigentlich könnten sich Bosnien und Kroatien, aufgrund ihrer regionalen Nähe und viel gemeinsamer Geschichte, viel ähnlicher sein, als sie sind. Aber das Gegenteil ist der Fall. Denn es gibt etwas, was sie einschneidend trennt: das Meer. Nicht weil es zwischen ihnen liegt. Sondern weil die einen eins haben und die anderen nicht. Zählt man die Inseln dazu, liegen 6000 Kilometer von Kroatien am Meer. Den Meereszugang, den man Bosnien überlassen hat, kann man nach einer verlorenen Wette schon mal zu Fuß abgehen. Somit ist Kroatien eine Adriapracht mit jahrzehntelangem Touri-Know-how, Bosnien dagegen eine stille Schönheit, die in erster Linie von den Menschen geliebt wird, die dort wohnen. Oder sich dorthin verfahren.

Auch wir wollen uns jetzt verfahren. Irgendwohin. Wir beschließen, ein Schiff zu nehmen. Sollte der Kapitän wider Erwarten seekrank sein, würde einer von uns beiden das Steuer übernehmen. Damit wäre auf jeden Fall gesichert, dass wir irgendwo im Nirgendwo ankommen. Wir setzen mit der Fähre von Split nach Vis über. An Deck duschen wir uns mit Wind, teilen uns eine Aprikose und lachen über tollpatschige Möwen. Lili trinkt Wasser ohne Kohlensäure – ich mit. Ich sehe immer noch garantiert schwangerer aus als sie und sie immer noch besser als ich. Ersteres wird sich bald ändern. Letzteres hoffentlich nie. Es kommt eine Durchsage an Deck. Leider ist sie in keiner der vorgetragenen Sprachen zu verstehen. Die Möwen haben sich anscheinend sehr erfolgreich an den Lautsprecher-Membranen zu schaffen gemacht. Doch nicht so ungeschickt, die Kleinen! Wir versuchen uns bei ihnen für unsere üble Nachrede mit einem kleinen Geschenk zu entschuldigen. Die sind aber offenbar so sauer auf uns, dass sie den Aprikosenkern mit Hilfe angewandter Schwerkraft und einem lauten Knall einfach wieder zurück aufs Deck befördern. Einmal angekommen, werden wir Vis so schnell nicht wieder verlassen. Entgegen unserem Plan, planlos herumzucruisen und an keinem Ort länger als zwei, drei Tage zu bleiben, legen wir uns einfach etwas zur Ruhe und setzen uns stattdessen ein regionales Ziel: Wir suchen die schönsten Strände von Vis.

KÄPT'N KUK

Kroatien ist wie Italien ohne Koch.

Ich will nicht sagen, dass das Essen in Kroatien schlecht ist. Es ist viel komplizierterer. Ich glaube eher, dass sogar die ordentlichen kroatischen Köche immer hinter ihren eigenen Möglichkeiten herkochen. Und ich glaube, dass sie dazu gezwungen werden. Und zwar von Käpt'n Kuk, dem Erfinder der kroatischen Speisekarte. DIE kroatische Speisekarte? Gibt es denn nicht mehrere? Genau! Die gibt es nämlich nicht!. Und schreibt man »Kuk« nicht eigentlich »Cook«? Nicht im ehemaligen Jugoslawien! Hier geht man ganz pragmatisch mit geschriebener Sprache um. Man schreipt ales so, wi es klinkt. Deshalp hat man hir auch keine probleme mit fremtdschprachn oder auslendischn namen. Man kan einfach ales schraiben, was man auch sagn kan: kese, wuest, buta, schpageti, piza. Di kwin, dea bukinghem palast, di tauabridsch, robi wiljems, depesch mod und blek sebes.

Die kroatische Küche ist reichhaltig und vielfältig. Kernkompetenz lokaler Köche ist das Zergrillen von Fleisch und anderem Hausrat über brennenden Holzkohlelandschaften. Auch eine Eins mit Sternchen hat man im Fach Hackfleisch und Spieße. Das alles reicht in Kombination mit frischem Gemüse und leckerem Börek eigentlich aus, um eifrige Speisekartenleseratten glücklich zu machen. Leider liegt Kroatien an der Adria. Und so fühlt man sich auch jenseits des Stiefels irgendwie ein wenig italienisch. Zumindest kulinarisch. Also versucht man sich allerorts an piza, schpageti und risoto. Und an Fisch. Und damit der hungrige Kunde auch bitte nicht ins Nachbarlokal geht, um dort irgendetwas zu essen, was es im eigenen Lokal nicht gibt, gibt es hier wie dort alles. Wirklich alles.

Natürlich kann man trotz aller Ambitionen nicht in jedem Restaurant Kroatiens 30 Sorten Pizza, 30 verschiedene Risottos und alles Fleischgebrät dieser Erde anbieten. Das weiß sogar Käpt'n Kuk. Deshalb ist er ja der Käpt'n! Also hat sich Käpt'n Kuk etwas einfallen lassen: die Einheitsspeisekarte. Die gilt in ganz Kroatien, und sie gilt für alle. Es gibt Fleisch vom Grill, Fisch vom Grill, Spaghetti Napoli, Spaghetti Carbonara, Pizza mit Salami, mit Dosen-Champignons oder mit nichts, schwarzes und weißes Risotto und Mangold als Gemüsebeilage. Das alles gibt es immer und überall. So hat Käpt'n Kuk sich das überlegt. Ist man nun beispielsweise stolzer Besitzer einer kleinen Bar am Meer und möchte sich als Fischlokal etablieren, zieht man einfach die Gerichte-Sammlung »Fisch vom Grill« an Position Nummer eins seiner Karte. Danach kommen die Risottos und dann der Rest. Gelüstet es den Kunden ekelhafterweise nach Pizza mit Dosenpilzen, findet er ein wenig weiter unten auf der Karte sein Glück. Aber auch wer in eine Pizzeria geht, braucht auf Pljeskavica und Cevapcici nicht zu verzichten. Hier gilt: Erst kommt Pizza, dann Pljeskavica.

Und so sitzt er da, der beste Pizzabäcker von ganz Kroatien, und rollt in seiner kleinen Küche Hack zu kleinen Würsten statt Wasser und Mehl zu Teig. Und im Restaurant nebenan stehen zwei Meistergrillmeister und passen auf, dass die Spaghetti nicht vom Grillrost nudeln. Und so backen, grillen und braten sie alle hinter ihren eigenen Küsten und Träumen her. So wie der schnellste Mann der Welt, der niemals in seinem Leben ein Rennen gewinnen wird, weil er immer schon losläuft, während die andern noch in der Kabine sitzen und sich die Schnürbändel zusammenknoten. Und an allem ist Käpt'n Kuk schuld. Der Blödmann.

Lili und ich finden Käpt'n Kuk dufte. In Deutschland dauert es immer Stunden, bis wir uns entschieden haben, in welches Restaurant wir wollen. Ein Thema, das nicht selten zum Streit führt. Aber im Urlaub wird nicht gestritten. Hier gibt es nur ein einziges Kriterium bei der Auswahl des abendlichen Schlemmerfreudenhauses: Welches Restaurant ist das hübscheste? Und das ist ganz einfach. Denn das hübscheste ist immer – das hübscheste! Also nehmen wir das. Und morgen das andere, das auch ganz hübsch ist. Und was wir essen, entscheiden wir schon am Strand.

Die Karte kennen wir ja.

DER SCHÖNSTE STRAND IST IMMER DER NÄCHSTE

Auf der Suche nach dem schönsten Strand der Insel nehmen wir uns am dritten Tag den Internet-Geheimtipp Nummer drei vor. Alles, was wir in Erfahrung bringen können, ist, dass er der schönste Strand ist. Das sind die anderen beiden auch gewesen, da hat das Internet nicht gelogen. Also wird das bei Tipp Nummer drei nicht anders sein.

Da mein Gedächtnis gerade gut genug ausgestattet ist, dass ich mir nicht jeden Tag meinen Namen auf die Hand schreiben muss, kann ich über die genaue Ortsansässigkeit der Strände keinerlei Auskunft geben. Ich habe für so was kein Gehirn. Keine Namen, keine Zahlen und vor allem nichts Kurzzeitiges. Ich stehe immer in irgendwelchen Räumen herum und frage mich, was ich da eigentlich wollte. Ich bin einer von denen, die jeden Morgen vor der Tür ihr Auto suchen. Und dann jeden Abend nach der Arbeit noch mal. Da ich keinerlei Sport treibe und trotzdem weniger Übergewicht habe, als ich es eigentlich verdient hätte, bin ich aber auch der lebende Beweis dafür, dass Autofahren – wenn auch auf einem sehr anspruchslosen Level – irgendwie doch fit hält. Man darf halt nicht immer nur fahren, sondern muss öfter auch mal danach suchen! Und übrigens: 100 Meter die Straße hinunterlaufen, weil man gerade einfach 100 Meter die Straße herunterlaufen will, verbrennt wesentlich weniger Kalorien, als wenn man dabei die ganze Zeit angestrengt sucht und immer nur denkt: »Okay, mit einem nicht existierenden Kurzzeitgedächtnis leben zu müssen, ist die eine Sache. Dieses bekloppte Auto nicht wiederzufinden, obwohl ich mir extra schon ein rotes gekauft habe, damit es leichter wiederzufinden ist, ist die andere. Aber was ist, wenn ich dadurch wirklich nicht nach Hause komme? Rufe ich dann Lili an und frage sie, ob sie mich hier abholen kann? Und wo bin ich hier überhaupt? O Gott, ist das peinlich. Und das jeden Abend wieder. Zum Glück habe ich meinen Führerschein erst seit neun Jahren. Wenn man die Sams-, Sonn- und Feiertage nicht mitrechnet, habe ich nämlich zusammengerechnet immerhin schon 23.400 Minuten meines Lebens damit zugebracht, mein Auto zu suchen. Das sind mehr als 390 Stunden. 390 Stunden sinnloses Herumgerenne. Vielleicht sollte ich mir einen Hund anschaffen. Dann sieht das Ganze nicht so peinlich aus. Oder Sportkleidung tragen. Das wäre wenigstens konsequent. Hätte ich meinen Führerschein mit 18 gemacht, dann wäre ich jetzt schon 25.992 Stunden unterwegs. Oje, wenn das Lili erfährt. Die lässt mich einschläfern. Wie kann man denn mit so jemandem zusammenleben? Parkplätze sind ja nicht das Einzige, was ich vergesse. Den Müll ja auch. Und Verabredungen. Und Vereinbarungen. Aber dafür bin ich ordentlich. Wahrscheinlich genau deswegen. Wäre ich nicht so ordentlich, müsste ich ja noch viel mehr suchen. Auf keinen Fall kann ich Lili anrufen, wenn ich das Auto jetzt nicht finde. Dann lieber die Polizei. Die haben doch Hunde. Die finden doch alles. Gibt es professionelle Autosuchhunde? Und werden die auch an Privatpersonen verkauft? Ist vielleicht doch ein Hund die Lösung meines Problems? Und gibt es auch Autosuchmäuse? Die könnte man besser mit zur Arbeit nehmen. Die fallen nicht so auf. Aber Lili hasst Nagetiere. Ich glaube, sie hasst alle Tiere. Zumindest möchte sie keine. Also gibt es wohl auch keinen Hund … Aaah, da ist ja mein Auto! Witzig, genau hier hatte ich es auch abgestellt. War doch gar nicht so schwierig. Und immerhin weiß ich jetzt, dass ich mir wohl sicher keinen Hund anschaffe. Irgendwann wäre die Frage bestimmt mal aufgekommen, und dann hätte ich darüber nachdenken müssen. Die Zeit habe ich jetzt gespart! Alles hat halt immer so seine Vorteile und seine Nachteile. Apropos Teile: Wo ist denn mein Autoschlüssel?«

Ich weiß also kurz gesagt nicht mehr, wie die Orte heißen, wie die Strände heißen oder wie die Restaurants heißen, die wir zur Befriedigung unseres Bedürfnisses nach Spannung und Entspannung missbraucht haben. Die folgende Passage und auch alle weiteren sind damit als Reiseführerliteratur völlig ungeeignet.

Um zum Traumstrand Nummer drei zu kommen, müssen wir jedenfalls irgendwo hinfahren, unser Auto abstellen und dann 150 Meter einen steilen Berg hinunterklettern. Das hat sich der Strand gut ausgedacht! Man muss ihn sich verdienen. Und damit man auch eine Ahnung davon hat, was man kriegt, wenn man unten angekommen ist, kann man Traumstrand Nummer drei von oben ganz weit entfernt und ganz klein sehen. Und er ist schön. Ein Juwel, wie er sich dort unten gänzlich unbeschwert in der Sonne suhlt. Wild und ohne Schirme. Ob er sich eingecremt hat? Oder reicht ihm die Creme der Menschen, die sich bis zu ihm runtergekämpft haben und ihren Sonnenschutz an ihm abreiben? Das Paradies winkt uns zu, und wir nehmen die Einladung gerne an. Es sind ungefähr 40 Grad, die Wolken machen Urlaub in Skandinavien, und wir wollen gerne das Meer vollschwitzen. Also machen wir uns daran, den steilen und steinigen Hang hinabzuklettern. Wenn ich steil meine, meine ich im Übrigen sehr steil. Und wenn ich steinig meine, meine ich besonders steinig. Schon die ersten Meter gehen nur mäßig locker vom Fuß. Unsere Flip-Flops flippen und floppen nicht, sie krrrritschen und krrrratschen. Nach einem Drittel der Strecke machen wir eine Pause. Wir wundern uns, warum der Strand noch keinen Zentimeter näher gekommen ist. Wir schieben es auf die Sonne, die uns langsam schon etwas wuschig macht. Ich frage Lili, ob sie Herrn Tur Tur kennt. Sie kennt ihn nicht. Und sie macht auch nicht den Eindruck, als hielte sie das jetzt für den richtigen Moment, ihn kennenzulernen. Also erspare ich ihr die Geschichte von Herrn Tur Tur aus dem Buch *Jim Knopf und Lukas der Lokomotivführer*. Herr Tur Tur, vor dem sich alle fürchten, weil sie ihn für einen Riesen halten, der aber in Wahrheit immer kleiner und kleiner wird, je mehr man sich ihm nähert, und am Ende nicht größer ist als jeder andere Mensch auch. Was macht man mit so einem Mann, der nicht nur immer kleiner und kleiner wird, je näher man ihm kommt, sondern der logischerweise auch immer größer und größer wird, je weiter man sich von ihm entfernt? Man gibt ihm ein Goldstück in die Hand und lässt ihn kilometerweit weglaufen. So weit, dass das kleine Goldstück immer größer und größer und größer wird. Wenn es dann so groß ist, dass es sich nur noch mit einem LKW transportieren lässt, verpackt man es gut und schickt es sich mit UPS wieder zu. Schon ist man Trilliardär!

Auf so eine selbstsüchtige Idee sind Jim Knopf, Lukas der Lokomotivführer und Michael Ende natürlich nicht gekommen. Stattdessen nehmen Sie Herrn Tur Tur mit nach Lummerland, drücken ihm eine Laterne in die Hand und machen ihn zum Leuchtturm. Damit lässt sich zwar auch Geld verdienen, aber natürlich viel weniger als mit einem trickvergrößerten Goldstück. Das hätte ein ganzes Lummerland und all seine Einwohner für Jahrzehnte ernähren können.

Ich überlege also, was sich Kluges mit einem Strand anstellen lässt, der nicht größer wird, wenn man sich ihm nähert. Aber mir fällt nichts ein. So was braucht doch kein Mensch. Nicht mal ein Mini-Mensch. Selbst ein Playmobil-Mensch hätte doch lieber einen richtig großen Menschenstrand als einen Mini-Playmobil-Strand. Scheißstrand!

Und während meine Fantasie in der Hitze Blasen wirft, kommt Lili auf einmal mit einer richtig vernünftigen Frage um die Ecke.

»Warum haben die Leute, die uns die ganze Zeit überholen, eigentlich alle Wanderschuhe an?«

Lili hat recht. Wir sind tatsächlich nicht die Einzigen auf dem Weg zu Traumstrand Nummer drei. Offenbar ist das Internet hier doch verbreiteter, als ich dachte. Und – gut beobachtet von Lili – alle tragen Multifunktions-Schuhwerk. »Mmmmhhh. Vielleicht wollen die irgendwohin wandern gehen.«

»Bitte was?«

»Vielleicht wollen die ja irgendwo wandern gehen.«

»Wo denn? Am Strand?«

»Ja. Strandwanderungen gibt's doch.«

»Mit Trecking-Schuhen?«

Meine Antworten scheinen nicht befriedigend zu sein. Also überlege ich noch mal von vorne. Während ich zwei spitze Steine aus den Sohlen meiner Flip-Flops herauspule, wird mir klar, dass das »irgendwo« in dem Satz »Vielleicht wollen die ja irgendwo wandern gehen« nicht an irgendeinem anderen Ort und in der Zukunft zu finden ist, sondern im Hier und Jetzt und genau dort, wo wir gerade sitzen.

»Wir sind auf einem Wanderweg, oder?«

»Auf einem Kletter-Wanderweg.«

»Und wir haben Flip-Flops an.«

»Und es ist so heiß, dass ich gleich heulen muss.«

Mit einer Schwangeren bei sengender Hitze einen steilen, steinigen Hang hinabzuklettern ist ungefähr so klug, wie sich die Schleimhäute mit Tabasco einzureiben. Und genau hier liegt das Problem. Lili war schon länger nicht mehr schwanger. In der Realität ist Lili zwar durchgehend schwanger, aber in unseren Köpfen nicht. Irgendwie vergessen wir zwischendurch immer wieder, dass sie mit Baby durch die Gegend klettert. Lili ist halt Lili. Die alte Lili. Kein Bauch. Kein Gejammer. Keine Kotzerei. Ein bisschen mehr Schokolade essend. Ein bisschen weniger schwere Tüten tragend. Aber eigentlich: Lili. Ich überlege, ob die Einführung einer Schwangeren-Plakette sinnvoll wäre. Ein »Baby on

Board«-Button. Oder ein spezieller Hut. Mit auffälligen Schwangerschaftsstreifen in knalligen Farben. Dann wären die Schwangeren ein bisschen weniger unsichtbar, die Menschen um sie herum ein bisschen aufmerksamer und die Schwangeren und ihre Freunde ein wenig umsichtiger sich selbst gegenüber. Vielleicht.

Lili und ich gehen weiter. Wir reiben unsere Schleimhäute noch bis zur Hälfte mit Tabasco ein. Dann kehren wir um.

AUF DEM MOND

Ich trage mich, unser Strandgepäck und meine schlechte Laune über die Unfähigkeit, die Unsinnigkeit dieses Unterfangens früher zu erkennen, den Berg wieder rauf, Lili trägt sich selbst, und gemeinsam tragen wir den Plan zu Grabe, den Traumstand Nummer drei jemals von Nahem zu sehen. Um die Trauer und den Ärger aus unseren verbrannten Körpern zu spülen, machen wir uns auf den Weg zu Traumstrand Nummer vier. Der ist in Wirklichkeit gar kein Traumstrand. Höchstwahrscheinlich sogar ein Kieselstrand. Aber er ist zu Fuß von hier aus zu erreichen. Wo genau er ist, wissen wir nicht. Aber dann suchen wir eben noch ein wenig. Wir haben ja schon Schlimmeres erlebt. Gerade eben.

Plötzlich stehen wir auf dem Mond.

Die Koordinaten stimmen. Jeder unsere schweren Schritte ist exakt der Wegbeschreibung aus dem Reiseführer gefolgt. Hier muss er sein, der Traumstrand Nummer vier. Aber was hier ist, ist der Mond. Vielleicht ist es nicht der Original-Mond, in den Louis Armstrong damals seine Trompete gesteckt hat. Aber es ist **EIN** Mond. Steine, Krater, viel Graues und nix Grünes. Mehr Mond habe ich in meinem Leben noch nicht gesehen. Würde ich jemanden kennen, der gerade einen Film dreht, der auf dem Mond spielen soll, ich würde ihn sofort anrufen und ihm sagen: »Komm her! Ich habe ihn gefunden! Und es stimmt übrigens nicht, was die Wissenschaftler sagen. Es gibt gar kein Wasser auf dem Mond. Und übrigens auch keinen Strand.« Aber ich kenne so jemanden nicht. Stattdessen bin ich mit einer schwangeren Frau auf dem Mond. Und Lili ist erschöpft. Plötzlich wird die lustige Schwangerschaft zu einer sehr ernsten Sache. Die Grenzen werden neu gezogen. Die Umstände sind jetzt andere. Deshalb heißen sie ja auch so. Lili bewegt sich nur noch im Zeitlupentempo, was die Mondlandschaft nur noch mondlandschaftiger macht. Unsere Laune liegt jetzt weit unter dem Meeresspiegel. Trotzdem sind wir ausgetrocknet. Die Sonne trocknet uns schneller aus, als wir schwitzen können. Lili lässt sich auf den Boden gleiten. Mitten in dieser unwirklichen Szenerie und ohne jeden Schatten in Sicht tut sie das Einzige, was sie noch tun kann. Sich fallen lassen und schlafen. Falls es hier Geier gibt, werden wir sie gleich zu Gesicht bekommen. Dass mir Lili beim Hinabgleiten auf den Boden auch noch die Schuld für die Trostlosigkeit dieses Ortes, den ich selbst vor einer Minute zum ersten Mal gesehen habe, zuschiebt, macht mich unglücklich. Aber sie ist schwanger. Und am Ende. Wenn ich schon selber nicht die Möglichkeit habe, Kinder zu kriegen und dabei meine eigenen Übellaunigkeiten und Fressattacken ertragen zu lernen, dann muss ich wenigstens die meiner Freundin ertragen. Das scheint das Mindeste zu sein, was ich tun kann. Lili ist ab jetzt immer ein bisschen mehr für die schlechte Laune zuständig und ich für die gute. Das meint sie nicht böse. Und es macht mich nicht zu einem Helden. Es ist einfach so. Und wer das nicht will, der lässt es einfach, das mit dem Kinderkriegen.

Ich versuche meine Schuldgefühle zwischen den Strandtaschen auf den Steinen abzustellen. Und mache mich auf die Suche nach dem richtigen Traumstrand Nummer vier.

KIESELOHREN

Traumstrand Nummer vier ist wie erwartet ein Kieselstrand. Und er ist nicht weit weg. Ich gehe noch einmal zurück zum Mond und hole Lili. Nach einigen Minuten harter Überzeugungsarbeit fasst sie Vertrauen, kommt unter ihrem Handtuch hervor und kriecht in Richtung Meer.

Erst nachdem wir im Wasser waren, sind wir wieder Menschen. Lili schläft noch ein wenig weiter. Ich versuche herumzulaufen. Aber es bleibt beim Versuch. Ich spüre unter meinen Füßen, wie die Liste der Dinge, die ich nicht gut kann, unter schrecklichen Schmerzen länger wird: »Ich kann nicht gut auf Kieseln laufen«, steht da plötzlich. Und die Liste hat recht! Ich gehe wie ein Besoffener auf Stelzen. Oder eher wie ein Nüchterner auf Stelzen. Es gibt ja Dinge, die man besoffen viel besser kann als nüchtern. Fremdsprachen zum Beispiel. Und Schlägereien. Oder sich nachts splitternackt gegen die Fensterscheibe einer Apotheke werfen, weil man mal seinen Körperfett-Abdruck angucken möchte. Auf jeden Fall aber auf Stelzen laufen. Von Weitem sehe ich wahrscheinlich aus, als würde Fred Feuerstein auf sehr, sehr heißem Lavagestein laufen. Nur viel langsamer. Ich stolpere albern herum. Ich finde auf den großen Steinen keinen Halt. Und weh tut es auch. Und weil es weh tut, stehe ich krumm. Und weil ich krumm stehe, fange ich an zu schwanken. Das geht so lange, bis ich fast umfalle. Dann rette ich mich mit einem Schritt auf die nächste Handvoll Kiesel unter meinem Fuß. Verziehe das Gesicht vor Schmerz. Ziehe zischend Luft durch die Zähne ein. »Szszszzhhh.« Versuche mich mit einem weiteren Schritt von dem Schmerz zu befreien und lande auf dem nächsten Kieselhaufen, der sich brutal in meine Fußsohlen bohrt. Und wieder »Szszszzhhh«. Es ist ein »Walking & Falling«, wie in dem Lied von Laurie Anderson.

Ich kann auf Kieseln einfach nicht ordentlich das Gleichgewicht halten. Eine Zeitlang schiebe ich die Ursache für mein Unvermögen auf die Kieselsteine. Doch plötzlich verstehe ich, was hier los ist: die Wattestäbchen! Die Wattestäbchen sind schuld! Ich wusste immer, dass es mal so kommen würde. Und jetzt ist es so weit. Jede Sucht hat ihre Folgen. Kein Exzess bleibt unbestraft. Und jetzt bin ich dran! Fuck, Fuck und nochmal Fuck.

Ich renne sehr langsam zu Lili und berichte ihr aufgeregt und ohne Atempause die ganze Wahrheit: »Lili, ich bin wattestäbchensüchtig. Seit Jahren. Eigentlich, seit ich denken kann. Oder noch länger. Ich stecke sie mir ins Ohr. Genau so, wie es immer heißt, dass man es nicht tun soll. Ganz tief rein. Und dann drehe ich sie. Aaaahhh. Manchmal lecke ich sie vorher an. Oder ich mache es nach dem Duschen. Da sind die Gehörgänge ganz feucht und geschmeidig. Ich weiß, dass das verboten ist. Die Haut im Inneren des Ohrs ist sehr empfindlich. Sie gibt nicht nach. Sie ist nicht wie die Haut am restlichen Körper. Sie lässt sich nicht strecken und quetschen. Sie ist nicht flexibel. Drückt man sie oder kratzt man auf ihr herum, hält sie das entweder aus oder platzt sofort auf und entzündet sich. Trotzdem kann ich nicht damit aufhören. Ohrenstäbchen sind mein Heroin! Und jeder, der in meine Ohren guckt, weiß das. Ich habe die saubersten Gehörgänge der Welt. Es gibt Fotos davon. Ich war mal mit Wendelix (das ist der Schlagzeuger meiner Band »Yeti Girls«, Anm. d. Autors) beim Ohrologen. Wir wollten uns Gehörschutz anpassen lassen, damit wir uns gegenseitig bei Konzerten nicht mehr so laut hören müssen. Da sind die Akustiker mit Mini-Kameras in unsere Lauschgänge gefahren und haben die Reise in unser Inneres auf riesige Monitore übertragen. Und weißt du, was wir gesehen haben? Zwei völlig verschiedene Filme! Der Ohrenfilm von Wendelix sah aus wie eine arte-Doku über eine urzeitliche Gelbschleimgrotte mit prächtig tropfenden Stalaktiten und beeindruckend verhärteten Stalagmiten. Wir dachten, jeden Moment kommt ein Dinosaurier um die Ecke. Ohrassic Park! Und bei mir? Nix! Blankgeputzte, sandgestrahlte Stahlwände, in denen wir das Spiegelbild der Mini-Kamera sehen konnten. Wie ein Science-Fiction-Holo-Deck aus purem Quecksilber. Kein Dreck. Kein Speck. Kein Leben. Und während ich noch überlegte, wo wohl der nächste Tropfsteinhöhlenarzt war, zu dem wir Wendelix anschließend fahren könnten, klopfte IHM der Ohrenkameramann auf die Schulter, während er mir nur einen bösen Blick zuwarf.

»Sie sind wattestäbchensüchtig. Wenn Sie nicht bald damit aufhören, werden Sie sterben. Und Sie werden ihren eigenen Tod nicht einmal hören können. So wird es sein. Amen.«

Lili streicht sich ungerührt die Sonne aus dem Gesicht.

»Ich weiß.«

Sie weiß?

»Du weißt?«

»Ja. Ich weiß. Du vergisst die Ohrenstäbchen immer in deinen Hosentaschen und zerstörst damit sukzessive unsere Waschmaschine.«

Pause.

»Und du ekelst mich an. Ein bisschen.«

»Aber meine Wattestäbchen sind doch sauber. Ich habe ja gar keinen Dreck in meinen Ohren.«

»Aber es sind Wattestäbchen. Und sie liegen rum.«

Pause.

»Wie kommst du jetzt überhaupt darauf?«

»Ich glaube, ich bin beschädigt. Die Ohren haben einen unmittelbaren Einfluss auf den Gleichgewichtssinn des Menschen. Das haben sie bei *Galileo* gesagt.«

»Und?«

»Ich kann nicht auf Kieseln gehen.«

Lili streicht sich ungerührt die Sonne zurück ins Gesicht und legt sich wieder hin.

»Kein Mensch kann auf Kieseln gehen«, sagt sie. »Deswegen liegen hier ja alle.«

DER SCHÖNSTE STRAND DANACH

Am Abend nach dem Höllentrip bleiben wir zu Hause. Lili hat Schmerzen. Leider nicht in den Beinen, sondern im Bauch. Wir gucken in einem unserer Bücher nach, wo das Baby wohnt. Und ob da, wo es wohnt, die Schmerzen sind. Es ist schwierig, den Unterschied zwischen Bauchschmerzen und Babyschmerzen zu ermitteln, wenn man nicht genau weiß, wo was ist. Schwangerschaft und Geburt werden immer als ein Wunder bezeichnet. Aber ein richtiges Superwunder mit allem Pipapo wäre das Ganze erst, wenn man nicht nur ständig dicker, sondern auch ständig schlauer werden würde. Und zwar, ohne Bücher zu lesen. Einfach so. Wenn einem die ganze Literatur, die man ständig mit sich rumschleppt, einfach im Kopf wachsen würde. Hirnschwanger! Das wäre eine Sensation! Die Frau wird bauchschwanger, und der Mann wird hirnschwanger. Plötzlich weiß er alles über pränatal und postnatal und was wie wo rauskommt. Und was man machen muss, wenn's dann passiert. Mit einem riesigen aufgeblähten Schwangerschaftskopf läuft der Superhirni dann neben seiner Frau her, ist immer informationsparat und weiß einfach alles! Man müsste in keine doofen Kurse, in die Lili und ich eh nicht gehen werden. Und man muss niemanden mit albernen Fragen nerven und sich ständig zum Nappel machen, weil man ja ganz offensichtlich von nix Ahnung hat und nicht mal weiß, wo das Baby liegt. Ja, das wäre eine Sensation! Und genau das ist vermutlich der Grund, warum sich die christliche Religion nie so richtig durchgesetzt hat. Weil Gott auch DA mal wieder nur halbe Sachen gemacht hat. Klar – in sieben Tagen hat der Herr die Welt erschaffen. Lässig. Aber abends war er doch mit Kumpels saufen und Karten spielen, sonst wären die Frisuren, mit denen die meisten Frauen so rumlaufen, einfach verboten. Oder es gäbe sie gar nicht. Und die Wasserkästen wären nicht so schwer. Und die Bierkästen auch nicht. Und alle hätten Pools. Und Putzfrauen. Oder Putzmänner. Oder besser noch: Putzhunde. Morgens die Zeitung holen, mittags die Bude schrubben und abends schön mit Herrchen kuscheln. Das wäre was! Gott war schon okay. Und wenn er motiviert war, dann hat er auch ordentlich was gerissen. Aber dieses ganze Schwangerschaftsding, da hätte er sich doch noch ein bisschen mehr ins Zeug legen können. Gerade der Teil nach der Zeugung ist doch viel komplizierter, als er eigentlich sein müsste. Und seien wir mal ehrlich: Sex ist auch nicht gerade unkompliziert, selbst ohne Zeugung.

Das Baby-Buch ist schlau und wir anschießend zumindest etwas schlauer. Da, wo Lili Schmerzen hat, wohnt kein Baby. Eher etwas anderes. Etwas, das raus muss. Also schluckt sie Öko-Abführmittel für Schwangere. Ich entziehe mich in diesem Fall dem Solidaritätsprinzip und trinke ein immerhin alkoholfreies Bier. Lili ist jetzt krank. Das bedeutet, ich muss jetzt nicht mehr alles alleine machen, sondern noch mehr. Und ich muss jetzt nicht nur alles tragen, sondern auch noch denken. Ein hartes Brot für eine weiche Birne.

GOTT SCHON WIEDER

Lili hat Hunger. Also mache ich mich auf die Jagd. Ich erlege eine köstliche Lasagne für uns. Das Prinzip Take-away hat sich in kroatischen Pizzerien noch nicht durchgesetzt. Jedenfalls nicht in der, in der ich gerade stehe. Also überlege ich gemeinsam mit einem älteren Herrn, wie man dem erlegten Hack im Nachhinein noch einmal Beine macht. Nach zwei vertrauensbildenden Maßnahmen (ich glaube, ich ließ mir Schnaps ausgeben), ist der Pizzerianer davon überzeugt, dass er mir die porzellanene Auflaufform, in der die Lasagne vor sich hindampft, einfach mitgeben kann. Ich werde sie schon wieder zurückbringen. Auch das Transportproblem lösen wir elegant. Wir packen die tonnenschwere glühende Form einfach in einen Pizzakarton. Das schützt mich und die Lasagne.

Lili ist bei meiner Rückkehr gerührt. Sie mag Lasagne.

Und sie findet den Pizzakarton romantisch.

Nach dem Essen spielt Lili Quizzer und versucht sich in die Bestenliste zu raten. Ich spüle den Pizzakarton weg. Ist der Typ, der den Pizzabäcker auf dem Pizzakarton gezeichnet hat, eigentlich reich? Mir fallen spontan nur drei verschiedene Motive auf Pizzakartons ein. Da gibt es den Karton mit dem Comic-Style-Pizzabäcker in Rot, der gerade eine Pizza aus dem Ofen holt und dabei die Zunge raushängen lässt. Der ist lustig. »Pizza« steht darüber. Guter Hinweis! Einen solchen Karton spüle ich gerade. Dann gibt es noch den anderen roten Pizzabäcker. Der von vorn zu sehen ist und den Kopf so dämlich zur Seite dreht. Den esse ich nicht so gerne. Und dann gibt es noch ein drittes Motiv, das mir gerade nicht einfällt. Irgendwas mit italienischen Fahnen. Scheint nicht so wichtig zu sein. Also schon Wahnsinn: Zwei Pizzabäckerzeichner teilen sich die Bedeckelung von einer Milliarde

Pizzakartons weltweit. Also wenn die beiden nicht reich wären, eine Schande wäre das! Aber bestimmt war Gott wieder einen halben Tag mit seinen Buddies kiffen und hat dann vergessen, den beiden ihre Millionen zu geben. So wie dem Typen, der den Smiley erfunden hat. 45 Dollar hat der dafür nur bekommen. Dann war er arm und dann tot. Also nichts gegen Gott, aber wenn er nicht will, dann aber auch wirklich gar nicht. Faul ist der. Genial, aber faul. Übrigens: Der Mann, der das Chiquita-Logo gezeichnet hat – der ist reich! Der hat auch die Hägar-Comics gezeichnet. Der MUSS reich sein. Und Andy Warhol hat die Banane erfunden. Der war auch reich. Und Dosenbohnen hat er auch erfunden. Da ist vor ihm noch keiner drauf gekommen. Wer macht auch so was? Bohnen in eine Dose stecken!? Mais, okay. Oder Fisch. Aber Bohnen? Da muss schon einer wie der Andy kommen. Der Dosenbohnen-Andy.

Ich lege den Karton zum Trocknen auf die Heizung. Wir sind ja mit dem Auto unterwegs. Da kann man ruhig mal etwas romantischen Müll mit sich rumschleppen. Erst Jahre später kommt mir dann eine Frage, die mich bis heute beschäftigt: »Woher hatte ein alter Mann, der eine Pizzeria betreibt, aus der man die Pizza nicht mit nach Hause nehmen kann, einen Pizzakarton?«

KATZENHASSER

Am nächsten Tag geht es Lili besser. Und ich habe Muskelkater.

Vom Lasagnetragen.

OBSTSALAT

Für den schlimmsten Streit unseres Urlaubs geht ein halber Tag drauf. Wir sind deprimiert und sitzen in einem Café. Einem Café, in dem Lili nicht sitzen will. An einem Ort, an dem sie nicht sein will. Mit einem Typen, den sie hasst. Den Grund für unseren Streit wissen wir nicht. Das wissen wir nie. Beim Streiten ist bei uns der Weg das Ziel. Lili blättert in einem Magazin. Ich beschließe, eine Friedensmission zu starten.

»Lili, du bleibst jetzt hier sitzen und liest Zeitung. Ich gehe alleine in die Wohnung und hole unsere Sachen. Dann komme ich wieder, sammle dich ein, und wir gehen gemeinsam zum Strand.«

Lili nickt mäßig friedlich. Ich mache mich auf den Weg. Nach einigen Hundert Metern komme ich an einem kleinen Laden vorbei. Mmmhhh. Frisches Obst. Das Frühstücks-Fiasko von heute Morgen, von dem mir gerade wieder einfällt, dass es der Auslöser für unseren Streit war, wird sich nicht wiederholen. Ich weiß zwar nicht mehr, was an dem Frühstück nicht stimmte, aber Obst war nicht mit im Spiel. Mit Obst kann also alles nur besser werden. Ich kaufe Bananen, Nektarinen, fettfreien Joghurt und fettarme Milch. Zu Hause kommt alles in den Kühlschrank. Dann packe ich unsere Sachen und mache mich auf den Weg zurück zum traurigen Café. Unterwegs komme ich noch mal an dem kleinen Laden vorbei und kaufe kühles Wasser für den Strand. Als ich Lili das Wasser präsentiere, bleibt sie stumm. Kein Danke, kein Nichts. Na ja. Ist ja auch nur kaltes Wasser und nichts von Tiffany.

»Morgen werden wir den Stress mit dem Frühstück nicht noch mal haben. Ich habe frisches Obst, Joghurt und Milch gekauft.«

Lili rastet aus. Sie hasst mich. Sie will nicht zu Hause frühstücken. Und mein Obst wird sie nicht anrühren. Lieber frühstückt sie ihre eigene Seele als mein dummes Obst. Und den Jogurt. Und überhaupt, was sollen wir mit dem ganzen Scheiß?

»Wahrscheinlich hast du auch noch Kaffee gekauft. Instant-Kaffee. Den ich hasse.«

Ja. Natürlich habe ich. Alles, um sie glücklich zu machen. Aber sie will keinen Kaffee und keine Milch, sie will vor allem eins: sauer auf mich sein. Und auf Obst.

Am nächsten Morgen wache ich als Erster auf und mache Frühstück. Lili setzt sich zu mir und lächelt. Als sie den fettfreien Joghurt und die fettarme Milch sieht, grinst sie mich an, fällt mir um den Hals und sagt mir, dass sie mich liebt.

Vom Kaffee trinkt sie zwei Tassen.

DAS SCHWARZE BUCH

Lili sitzt vor ihrem Schwarzen Buch und notiert sich Dinge. Das Schwarze Buch ist eine Art Tagebuch, in dem nur Zahlen stehen. Ich rolle Handtücher. Leise beschwert sie sich darüber, dass der DAX gesunken ist. Das findet sie schlimm. Wie mir scheint, leidet sie dabei unter einem persönlichen Verlust. Vielleicht hat sie Aktien oder so was? Oder Geld angelegt. Keine Ahnung. Ich habe noch nie Geld angelegt. Ich weiß auch gar nicht, wo dieses ganze Geld herkommt, das die Leute immer anlegen. Bei mir kommt nie Geld her. Ich rolle weiter Handtücher.

Dabei stelle ich mir einen kleinen Dachs vor, der irgendwo an den Strand gespült wurde, weil sein Boot in einen Sturm geraten ist. Ganz dünn ist er geworden. Ich stelle mir vor, wie sich Lili für die Belange kleiner gesunkener Dachse engagiert. Vielleicht ist sie die Leiterin einer Dachsnothilfe? Ein Salamander huscht vorbei. Er läuft auf mich zu. Ich richte mich auf, und der Salamander bekommt einen Schreck und läuft weg. Gut gemacht, kleiner Salamander! Ich überlege mir, was ein kleiner Dachs so isst. Und dass Lili vielleicht gerade eine Einkaufsliste für die Dachsnothilfe macht.

Es ist 12.00 Uhr. Gestern um die Zeit waren wir schon seit zwei Stunden am Strand, weil Lili das so wollte. Heute sitzen wir rum und sind gemütlich. Wir wohnen in einer Art Stadt-Hazienda. An einem Berg, mit einem dicht bewachsenen Palmengarten und Blick bis hinunter in den Hafen und aufs Meer. Wir tun so, als wäre es unser Haus, und spielen Sonntagnachmittag bei Großgrundbesitzern. Ich gehe zu ihr und küsse sie. Sie leuchtet vor Glück und küsst mich zurück. Verliebt guckt sie in mich hinein. Sie weiß, dass ich gerade mit meinem kleinen Aufnahmegerät um die Ecke war und genau das aufgesprochen habe, was gerade passiert. Und dass ich es irgendwann aufschreiben werde. Und dass ich gleich wieder um die Ecke laufe und wieder etwas drauf-spreche. Das mag sie. Sie versteht nie genau, was ich sage, wenn ich mit meinem kleinen Aufnahmegerät rede – sie hört mich immer nur zischeln und zuscheln. Aber sie liebt es, wenn ich ir-gendwohin verschwinde und konspirativ zischle und zuschle. Und ich liebe es, wenn sie konspirativ Dinge in ihr Schwarzes Buch schreibt.

Wir sind satt vor Glück, packen unsere Sachen und fahren an den Strand. Und der Dachs ist auch schon wieder etwas dicker.

Ich glaube, er hat den Salamander gegessen.

MOBILITY

Zwischen Am-Strand-Sein und Am-Strand-Sein machen wir einen kleinen Spaziergang. Wir reden jetzt immer mehr über das Baby, über unser Baby, und darüber, dass wir bald ein Baby bekommen. Wir rätseln darüber, wie man Babys eigentlich befördert. Am Anfang laufen sie ja noch nicht so gut. Eigentlich gar nicht. Lili will auf keinen Fall ein Tragetuch. So ein Tuch, in das man sein Kind einwickelt und es dann vor sich herträgt.

»Babytücher sind öko, und unten fallen die Babys raus.«

Es liegt natürlich vor allem erst einmal an einem selber, ob die Babys da unten rausfallen oder nicht. Aber Lili kennt sich ja. Und da ich sie auch kenne, gebe ich ihr recht. Lili ist nicht im klassischen Sinne ungeschickt oder trampelig. Aber man hat vergessen, ihr auf ihrer Reise durchs Leben etwas Geduld ins Handgepäck zu packen. Die hat sie nicht. Und deshalb macht sie alles, was mit aus Ihrer Sicht überflüssigem Zeitaufwand verbunden ist, schnell und nervös: Anstehen, warten, diskutieren, Sonnenuntergänge oder Handarbeit – das ist alles nicht ihres. Mir vorzustellen, ich müsse derjenige sein, der ihr erklärt, wie man ein Wickeltuch bindet, weckt überflüssige Unruhe in mir. Das sollten wir uns sparen. Und das sollten wir auch niemand anderem antun. Da bin ich ganz ihrer Meinung. Aber was gibt es da nicht noch alles, um Babys zu bewegen: Buggys, Kinderwagen, Trageschalen, Kindersitze, Wiegen, Autositze, Fahrradsitze, Rucksäcke für vorne, Rucksäcke für hinten, Beiwagen, Anhänger, Bollerwagen und vieles mehr. Was davon braucht man eigentlich? Oder braucht man das etwa alles?

Lili weiß, dass Babys in Kinderwagen und größere Babys in Buggys sitzen. Und dass der Kinderwagen, den alle haben wollen, »Bugaboo« heißt. Das ist die E-Klasse unter den Kinderwagen. Den hat jeder, der es sich leisten kann. Und damit ihn sich nicht jeder leisten kann, kostet er fast 1000 Euro. Für das Geld kann man sich auch schon mal einen Samenleiter durchschneiden lassen, damit man später keinen teuren Bugaboo bezahlen muss. Oder seinem Baby Räder an den Rücken montieren lassen. Ich finde Bugaboo jedenfalls keinen guten Namen für etwas, in dem man süße Babys herumkutschiert. Klingt wie ein Pixar-Film mit einem Riesenaffen. »BUGABOO. Von den Machern von MADACASCAR und der Frau vom Produzenten von ICE AGE.«

Oder wie ein neuer Fitness-Club-Tanz: »BUGABOO – tanz dich skinny!« Eine Mischung aus Kung-Fu und Fang die Kuh, bei der Frauen, die gar nicht so dick sind, wie sie denken, zu horrorblödem Mainstream-Pop herumhüpfen müssen. Und dann gibt es abends immer Werbung auf Pro 7. »Dicke Hits für dünne Girls: Die neue BUGABOO DANCE SENSATION IV. Hüpf dich schlank und move dich happy!«

Wahrscheinlich ist auf den Bugaboo-Kinderwagen auch noch ein großer Aufkleber, auf dem »Bugaboo« steht. Das wäre fürs Baby zusätzlich erniedrigend. Bäh. Ich hätte lieber einen Kinderwagen auf dem »Kinderwagen« steht. Oder »Baby«.

Aber Lili ist in ihrem Kopf schon viel weiter.

»Christian, was machen wir eigentlich, wenn das Baby 18 ist?«

»Geburtstag feiern?«

»Nein, ich meine, bekommt es dann ein Auto von uns?«

»Hat es denn dann schon einen Führerschein?«

»Den würde es ja dazu bekommen. Erst den Führerschein und dann das Auto.«

»Also, ich habe keinen Führerschein bekommen, als ich 18 war. Und kein Auto. Ich habe ja überhaupt erst seit neun Jahren einen Führerschein.«

»Ich habe damals eins bekommen. Und mein Bruder und meine Schwester auch.«

Ich überlege.

»Ich schlage vor, wir zahlen dem Baby den Führerschein, und das Auto muss es sich dann selber kaufen. Dann hat es einen Ansporn zu arbeiten. Und geht vielleicht auch sorgsamer mit dem Auto um.«

»Gute Idee. Und dann packen wir auf das selbstverdiente Geld noch mal dieselbe Summe von uns obendrauf. Als Überraschung. Damit es ein nicht ganz so schrottiger Wagen wird. Wegen der Sicherheit, weißt du.«

Ich nicke begeistert. Nicht nur, dass wir in diesem Augenblick die erste pädagogische Entscheidung unseres Lebens getroffen haben – wir haben sie auch noch fast 20 Jahre im Voraus getroffen. Wow! Wenn ich das mit meiner Altersvorsorge hinbekommen hätte, würde mein Kind mit 18 vielleicht wirklich ein Auto bekommen.

Aber das braucht es ja jetzt noch nicht zu wissen.

KLEINER RANZEN

Wir liegen am Meer. Das gute Wetter gibt heftig mit sich selbst an. Lilis Laune ist eher nieselig. Sie denkt, sie wäre fett. Ein Umstand, der bei jeder Schwangerschaft außerhalb von L.A. nahezu unumgänglich ist, aber in diesem Fall nicht im Entferntesten den Tatsachen entspricht. So weit sind wir einfach noch nicht.

Wir sind strandnackt und lesen Frauenmagazine. Menschen, die Frauenmagazine lesen, sind immer dick. So wie Menschen, die von Godzilla gefressen werden, immer klein sind. Es geht um das Verhältnis der Dinge – und solange es noch kein »Photoshop Live« gibt, werden wir immer dicker sein als die Menschen in Zeitschriften. Wir werden immer eine schlechtere Haut haben, ein schlafferes Bindegewebe, dünnere Haare, fettere Beine, gelbere Zähne und längere Brüste als die Papiermenschen. Und wir werden immer kleiner sein als Godzilla.

Lili hat Angst, fett zu werden. Ein Fettmonster. Eine ungelenke, wabbelige, an den Strand gespülte Speckqualle. So wie ich. Das ist ihre große Angst. Das sagt sie natürlich nicht so. Aber etwas Ähnliches denkt sie zumindest. Was sie dagegen laut sagt und was wohl durchaus liebevoll gemeint ist: Ich hätte einen kleinen Ranzen. So nennt sie das. Einen kleinen Ranzen. Aber warum liegt sie dann da und sonnt sich in der Angst, irgendwann so auszusehen wie ich? Niemand hat Angst vor einem kleinen Ranzen. Niemand fürchtet sich vor ein bisschen Bauch. Man fürchtet sich davor, ein Fettwanst zu werden. Und genau das denkt sie von mir. Dass ich ein Fettwanst bin.

»Findest du, dass ich ein Fettwanst bin?«

»Nein.«

»Findest du doch!«

»Finde ich nicht.«

»Findest du doch!«

»Finde ich nicht. Du hast einen kleinen Ranzen. Den hast du. Aber ansonsten bist du eher dünn. Kein Fettwanst. Du trinkst halt jeden Tag Bier, isst dauernd Pasta und treibst keinen Sport. Da sieht man dann eben so aus, wie du aussiehst. Eher dünn, aber mit Ranzen.«

»›Eher dünn‹? Was heißt das? Ist ›eher dünn‹ nicht auch schon dick?«

Sie lächelt mich aus und streicht mir übers Haar. AHA! Noch so eine unterschwellige Spitze. Mein Haar geht mir aus. Dem Fetti gehen die Haare aus und dann ist er bald Glatzifetti, der lustige Dicke ohne Haare!

Wir gehen ins Wasser und kühlen uns ein wenig ab. Ein heftig dicker und schneeweißer Mann rollt sich schwerfällig von seinem Strandlaken auf die Beine und kommt uns hinterher. Der Mann ist so dick, dass man fühlt, wie sich das Meer teilt, als er es betritt. Der Wasserspiegel in der idyllischen Bucht hebt sich um einen halben Zentimeter. Kinder freuen sich kreischend über die kleinen Wellen, die er produziert. Einige Familien ziehen mit ihren Handtüchern etwas weiter vom Wasser weg. Und Lili findet noch einmal tröstende Worte.

»Guck mal. Wenn du so weitermachst, siehst du bald auch so aus!«

Aha. Kleiner Ranzen. Vielen Dank auch!

SCIENCE-FICTION

Lili sieht kurz in die Zukunft. »Weißt du, was ich glaube?«

»Was denn?«

»Wenn unser Kind 18 ist, gibt es bestimmt gar keine Autos mehr.«

»Was gibt es stattdessen??«

»Flugautos.« Lili denkt nach. »Aber dafür braucht man dann bestimmt auch einen Führerschein!«

»Na, da bin ich aber beruhigt.«

DER HÖLLENSTRAND

Wir gestalten die Rückreise so, dass es eigentlich gar keine Rückreise gibt. Wir halten hier einen Tag, dort zwei Tage, sammeln weiter Strände, und irgendwann wachen wir irgendwo auf, fahren zum Flughafen und fliegen heim. Unsere Strandsammlung besteht fast ausschließlich aus Glanzbildern. Der klassische Höllenstrand, wie wir ihn aus RTL-Reportagen und den Erinnerungen an die Urlaube unserer Kindheit kennen, ist uns hier nie begegnet. Wir hatten es immer schön und gemütlich. Doch das wird sich heute ändern.

Der Höllenstrand ist keine 30 Minuten mit dem Auto von unserer Stadt-Hazienda entfernt und im Grunde schön. Riesig, weitläufig, tief und kilometerlang. Mit flachem Wasser, in das man minutenlang reinlaufen kann, ohne sich die Knie nass zu machen. Toll für Kinder. Schwieriger für lauffaule Liebespaare, denen man so leider beim Liebespaaren zusehen muss. Die Trend »Intimrasur« scheint in Kroatien übrigens schon wieder rückläufig zu sein. Die Hündchenstellung dagegen erlebt hier gerade eine Renaissance. Seehündchenstellung wäre in diesem Fall wohl die richtige Bezeichnung.

Im Grunde also schön hier. Aber da, wo es am schönsten ist, sind eben gerne viele Menschen. Und hier ist es ganz schön schön. Und weil das so ist, wurde bereits in den Siebzigern eine Tourismus-Infrastruktur aus geschmacklosem Wohnraum, geschmacklosem Essen und einem auffallend geschmackvollen Campingplatz geschaffen. Das Leckere am Campingplatz: Er liegt direkt am Meer. Das wertet die Wagenburg natürlich enorm auf. Den Strand aber eben enorm ab.

Das Restaurant am Strand sieht aus wie eine riesige Wartehalle mit Holzdach. Das ist nicht hübsch, aber konsequent. Schließlich verbringt man ja beim Essen tatsächlich die meiste

Zeit damit, auf das Essen zu warten. Die wochenlange Hitze hat uns ordentlich das Hirn versengt. Wir sind wie besoffen und albern, dass es nur so nervt. Der Pfefferstreuer auf dem Tisch sieht aus wie ein riesiger weißer Penis. Atemnotrot und unter Lachtränen pfeffert Lili immer und immer wieder die Tischplatte. Einen Salzstreuer gibt es nicht. Aber da Salz und Pfeffer üblicherweise ja immer als Paar auftreten, können wir uns ungefähr vorstellen wie die Frau des Penisstreuers aussieht. Wir vermuten, dass die Salzvagina vom Tisch genommen wurde, weil der Inhalt feucht geworden war. Alle Menschen im Restaurant sehen aus wie jemand, den wir kennen. Bei der Bestellung sieht die Kellnerin aus wie Lili. Sehr hübsch. Dann kommt sie mit Getränken zurück und sieht aus wie Ornella. Lili quiekt. Keiner der Angestellten sieht mir ähnlich. Schade. Aber der Kellner sieht aus wie Mesut Özil. Er fragt uns, ob er den Pfefferstreuer mitnehmen darf. In meinem Kopf rauscht es:

»Jaaaa. Bitte nimm den Penisstreuer mit! Nimm ihn in die Hand. Greif ihn dir. Aber wo? Am Schaft? Oder an der Dreh-Eichel? Egal! Hauptsache, feste zugreifen.«

Lili heult uns den Tisch voll. Sie beruhigt sich erst, als das Essen kommt.

Ich liebe sie und liebe sie. Und das auch noch, als das Essen schon lange da ist.

»Ich möchte nicht Lili heißen in deinem Buch.«

»Willst du nicht? Wie möchtest du denn heißen?«

»Ist mir egal. Irgendwie anders.«

»Total egal?«

»Total egal!«

»Johnny?«

»Ja. Von mir aus auch Johnny. Ich hätte nur gerne, dass nicht mein richtiger Name in dem Buch auftaucht. Geht das?«

»Na klar!«

»Und ich möchte nicht in Talkshows.«

»Kein Problem. Noch was?«

»Nö. Nur einen anderen Namen und nicht in Talkshows müssen.«

Unser Salat könnte etwas Essig und Öl vertragen. Aber wir trauen uns nicht, danach zu fragen. Wir haben uns gerade etwas beruhigt und wollen keinen Rückschlag erleiden, wenn wir sehen, in welchen Behältnissen hier das Salat-Dressing serviert wird.

Johnny steht auf. Um die Wartehalle herum haben sich die üblichen Strandbuden angesiedelt. Sie geht in jede einmal rein und kauft nichts. So wie fast immer. Johnny besitzt eine beneidenswerte Fähigkeit, die ich bei Frauen so ausgeprägt selten erlebt habe und von der ich persönlich leider nur träumen kann. Wie auch sonst im Leben, ist Johnny beim Shoppen sehr pragmatisch und konsequent. Das bedeutet auf der einen Seite: Sie kauft selten Dinge, die sie nicht braucht. Natürlich hat sie auch einen Schrank voller Handtaschen und Schuhe und dem ganzen anderen Kram, von dem man Frauen so gerne unterstellt, dass sie sich den ganzen Tag mit nichts anderem beschäftigen. Aber von allem eben nur so viel, wie sie braucht. Während ich im Keller beispielsweise 13 Paar Adidas Superstar in zwölf verschiedenen Farben (die goldenen habe ich zweimal) beherberge und ich von allen 13 Paaren in den letzten beiden Jahren genau null jemals anhatte, hat Johnny ihre Winterschuhe unterm Bett, ihre Sommerschuhe im Schuhschrank und ihre Neuzugänge absolut unter Kontrolle. Und wer so was kann, der kann noch mehr!

Johnny gibt Dinge, die sie kauft und nicht braucht, einfach zurück. Einfach so. Alles, was sie kauft oder online bestellt und dann nicht mag, geht einfach wieder retour. Das Ganze macht sie mit einer solchen Konsequenz, dass sie dabei genauso viel Zeit mit der Rückgabe von Gekauftem verbringt wie für den Kauf selbst. Das ist ihr schnuppe. Dafür besitzt sie nahezu nichts, was sie nicht braucht. Außer mich vielleicht. Mich mit meiner Eigenschaft, nahezu ausschließlich Dinge zu besitzen, die ich nicht brauche. Außer ihr.

Am Ende des Strandes steht eine hochhaushohe Wasserrutsche. Wasserrutsche rutschen ist der einzige aktive Sport, den ich betreibe. Wenn es eine »Miles & More«-Karte für Wasserrutschen gäbe, könnte ich mit meinen gesammelten Meilen umsonst von Berlin bis nach Teheran rutschen. Ich liebe Wasserrutschen. Besonders haushohe. Und das hier ist die haushöchste Wasserrutsche, die ich jemals gesehen habe. In keinem anderen europäischen Land wäre diese Wasserrutsche für den Betrieb zugelassen. Und ich bin mir fast sicher, dass sie es auch hier nicht ist.

Johnny würde lieber auf einer Ratte reiten, als hier oder sonst wo wasserzurutschen. Aber sie begleitet mich.

Die beiden Betreiberinnen der Rutsche, zwei siebenjährige Mädchen, fragen mich, ob ich ein Einzelticket oder ein 10er-Ticket möchte. Ich will das 10er-Ticket, und Johnny will mich fragen, ob ich sie noch alle habe. Was sie auch tut.

»Hast du sie noch alle? Du willst doch jetzt nicht zehnmal diese Rutsche runterrutschen!? Rutsch doch erst einmal und guck, ob es dir gefällt.«

»Auch gut. Hauptsache, rutschen.«

Die Bauweise des fröhlichen Wasserspaßes lässt sich fix erklären: vier Etagen Anstieg, ein Rohr, keine Kurven. Einfach nur rein, runter und platsch. Auf geht's!

Von der ersten Plattform winke ich Johnny lässig zu.

Auf der zweiten Plattform wechsle ich von festhalten zu sehr festhalten.

Auf der dritten Plattform finde ich den Begriff »Plattform« für das Gittergestänge unter mir nicht mehr geeignet.

Auf der vierten Plattform sehe ich das erste Mal mein Leben

an mir vorbeirutschen. Mir fällt ein, dass ich es noch nie in meinem Leben auf ein 10-Meter-Brett geschafft habe. Und das aus gutem Grund. Auf so ein 10-Meter-Brett könnte ich von hier oben jetzt gut runtergucken. Ich schlucke ein wenig Erbrochenes hinunter und tue, was Batman tun würde: Ich hänge mein verheultes Cape zum Trocknen ans Geländer, steige in das Rohr und rutsche.

Was unten von mir ankommt, hat in Farbe und Gemütszustand mit Mensch nichts mehr zu tun. Ich bin durchsichtig, am ganzen Körper mit Adrenalin beschmiert und vibriere. Ich sage etwas zu Johnny, aber sie versteht mich nicht. Und ich mich auch nicht. Ich spreche in einer nicht existierenden Sprache. Die beiden Mädchen lassen mich ein zweites Mal passieren. Ob ich dafür bezahle, weiß ich nicht. Ich hätte niemals an diesen Ort kommen dürfen. Ich hätte niemals diese Rutsche betreten dürfen. Aber wenn ich auch nur noch ein einziges Mal in meinem Leben auf eine Rolltreppe steigen, einen Aufzug nehmen oder die 60 Zentimeter hohe Wasserrutsche im Babybecken meines Stammhallenbades auch nur anschauen möchte, ohne zu weinen, dann muss ich da noch mal hoch. Und noch mal runter.

Gut, dass ich nicht das 10er-Ticket genommen habe.

FÜNF

DER ZETTEL, DIE ZWEITE

Als wir aus dem Urlaub zurückkommen, finden wir einen Zettel auf dem Küchentisch. Darauf steht: »Hier eine Liste mit Lebensmitteln, die man während der Schwangerschaft nicht zu sich nehmen sollte:

Rohes Fleisch wie Hack, Mett, Teewurst und Pasteten.

Kalt Geräuchertes wie Parma- und Serranoschinken, Räucherlachs und Aal.

Eingelegte Heringe, Rollmöpse und ihre Freunde.

Sushi.

Meeresfrüchte.

Rohe Eier und Speisen, die aus rohen Eiern gemacht wurden, beispielsweise Mayonnaise, Aioli, Zabaione und Tiramisu.

Rohmilchprodukte, Rohmilchkäse und Weichkäse wie Brie, Gorgonzola, Ricotta, Feta und Camembert.

Leber und andere Innereien.

Alkohol.

Chinin und Koffein, das heißt: Bitter Lemon, Tonic Water, Kaffee, Schwarztee, Cola und Energydrinks.

Da sich Lili in den letzten Wochen nahezu ausschließlich von ihrer geliebten bosnischen Pastete, Schinken, Meeresfrüchten, Mayonnaise, Gorgonzola und gelegentlichem Kaffee ernährt hatte, sind wir froh, dass wir mit Leber und Sushi wenigstens zwei Dinge auf der Liste haben, die sie NICHT gegessen hat. Und das auch nur deshalb nicht, weil sie ihr nicht angeboten wurden. Endlich wissen wir also ganz genau, was oben nicht reingedurft hätte.

Aber immer noch nicht, WARUM. Also verfallen wir in schwere Panik. Ein Anruf bei der Ärztin beruhigt uns: »Machen Sie sich keine Sorgen. Jetzt ist sowieso alles zu spät.«

Wir machen uns Vorwürfe und stellen uns vor, wie sich unser Kind irgendwann an uns rächt. Wie es genau das tut, wovor alle Eltern am meisten Angst haben: sich mit den Fäusten in den Hüften vor uns aufbauen und sagen: »Mama und Papa, ich hasse euch. Ihr seid nicht mehr meine Eltern!«

Und wir wissen bereits jetzt, dass es darauf dann nur eine Antwort geben kann: »Liebes Kind, nach Stromschlägen, Bergwanderungen, einer Röntgenbestrahlung und unzähligen höchst kinderfeindlichen Essenseskapaden hast du allen Grund dazu, uns zu hassen. Wir hatten nur Glück, dass es so lange gedauert hat, bist du das gemerkt hast.«

DER KAUKASISCHE ZACKENBARSCH

Ich sitze in der Küche, und ganz England strahlt vor Glück: Kate Middleton und Prinz William kündigen offiziell ihre Hochzeit an. Ich mache mir Gedanken über die beiden. Sie haben schon ewig nicht mehr angerufen. Ehrlich gesagt haben sie mich noch nie angerufen. Da macht man sich als Freund der Familie natürlich Sorgen. Ich hatte vor einigen Tagen das Internet beauftragt, mir Informationen über die lebenslustige, vielzukleine, vielzudünne Catherine zukommen zu lassen, um mir ein eigenes Bild über die Situation im englischen Königshaus zu machen. Dabei bin ich auf ein Foto ihrer Schwester Pippa gestoßen. Pippa ist heiß. Viel heißer als Kate. Vielleicht sogar so heiß, dass Kate sie irgendwo in einem Schuhkarton gefangen hält, damit William sie niemals kennenlernt. Erst nach der Hochzeit wird der Karton geöffnet, und dann darf sich der eselsohrige Harry über das arme Mädchen hermachen. Ich bin mir auf jeden Fall sicher, dass William der heißen Pippa noch nicht vorgestellt wurde. Sonst hätte er bestimmt mal angerufen. Hat er aber nicht!

So oder so finde ich es irgendwie gut, dass William die langweilige Käte der kurzröckigen Schwester vorzieht. Und dass die letztlich doch immer noch ganz niedliche Kate sich für einen so hässlichen Glatzkopf begeistern kann. Obwohl Prinz William der wissenschaftlichen Definition von »hübsch« ja ähnlich nahe kommt wie der Kaukasische Zackenbarsch. Welcher wiederum seinen Kopf hinten und seine Po-Flosse vorne am Körper trägt. Jedenfalls scheint SIE ihn ja attraktiv zu finden. Sie wird ihn ja nicht alleine wegen seines Geldes heiraten. Und weil sie dann Königin von Frankreich ist. Sie wird ihn schon, auch auf einer privaten Ebene, irgendwie gut finden. Eventuell sogar sexy. Und vielleicht sogar heiß. Zumindest hoffe ich das für die beiden. Warum? Weil auch ich bald vorne keine Haare mehr haben werde. Und hinten in der Mitte auch nicht. Und dann sehe ich auch so aus wie der. Nur dicker.

Ich versuche bereits seit zwei Jahren, mich für Johnny mit lebenserhaltenden Maßnahmen gutaussehend und fit zu halten. Mit Treppe laufen statt Rolltreppe fahren. Und in Aufzügen während der Fahrt immer auf und ab hüpfen. Und mit Sport, Yoga im Speziellen. Aber jetzt ist meine Yoga-Lehrerin Patti schwanger, und der Kurs wird aufgelöst. Und zu einer anderen Patti gehe ich nicht. Mich vor fremden Menschen in Sportklamotten zu zeigen hat mich enorme emotionale Anstrengungen gekostet. Und die anderen Kursteilnehmer erst recht. Das war ein nahezu therapeutischer Prozess. Das stehe ich nicht noch ein zweites Mal durch.

Aber ich mache mir sowieso keine Hoffnungen, dass ich noch mal hübscher werde, als ich jetzt bin. Und hübsch ist hier auch nicht im Entferntesten das richtige Wort. Da kann ich wirklich nur auf eine extreme ästhetische Toleranz auf Seiten meiner Freundin hoffen. Ohne ihre Mitarbeit geht da gar nix. Da bin ich regelrecht auf ihren hoffentlich weiterhin schlechten Männergeschmack angewiesen. Ich gebe Johnny auf jeden Fall mal die Nummer von Kate. Falls Sie mal Rat braucht. Denn Kate macht das wirklich ganz fabelhaft. Die hat sich da wirklich ganz toll unter Kontrolle.

So was brauche ich auch an meiner Seite.

INTERMEZZO NO. 2: ZUMBA

Das Beste, was ein Mann über 30 seinem Körper antun kann, ist Yoga. Und das Beste, was ein Mann über 30 mit Rückenproblemen seinem Körper antun kann, ist noch mal Yoga. Ich bin weder Yoga-Lehrer noch Arzt. Und ich sage am Ende jeder Yoga-Stunde immer »Basmati«, weil meine Yoga-Lehrerin Patti immer so leise spricht und ich nicht weiß, wie das richtige Wort *heißt*, das man am Ende einer Yoga-Stunde sagt. Aber immerhin sage ich etwas. Und ich weiß, dass es falsch ist. Das ist schon fast wie das Richtige sagen. Was ich jedenfalls weiß, ist, dass Yoga top ist. Das Doofe ist nur, dass Männer eigentlich kein Yoga machen dürfen. Warum? Weil sie sonst von anderen Männern ausgelacht und mit Bier bespritzt werden. Und zwar meistens von solchen Männern, die außer Bundesliga gar keinen Sport machen. Ihre Argumente: Yoga ist kein Sport. Oder wenn, dann nur ein Frauensport. So was wie Zumba. Nur mit sphärischerer Musik.

Das zu denken ist natürlich dumm von den Dummen. Kluge Menschen wissen, dass Yoga sehr wohl Sport, Zumba dagegen kein Sport, sondern eine Marketingstrategie ist. Eine Marketingstrategie, die seit 30 Jahren alle zwei Jahre neu erfunden wird, indem man ihr alle zwei Jahre einen neuen Namen gibt. Zumba ist Hopsen zu Musik. In den 80ern machte man Zumba mit Stulpen und im TV. Da hieß es noch Aerobic. In zwei Jahren macht man Zumba mit Stöcken in der Hand. Dann heißt es Gear-Tek. In vier Jahren macht man Zumba ohne Stöcke, aber auch ohne Schuhe. Dann heißt es Skin-Dance. Oder Fast Foot. Und in sechs Jahren macht man Zumba dann auf nassen Handtüchern und mit Stöcken im Arsch. Dann heißt es Meerobic. Oder Darmatic. Aber immerhin bewegen sich die Menschen dabei. Und das ist natürlich auch in den albernsten Varianten am Ende immer gut.

Yoga dagegen ist ein Sport, und niemand hat dabei Stöcke im Arsch. Was Yoga als Sport auszeichnet, von allen homophoben Männern aber immer gerne als unvorstellbar abgetan wird: dass es wahnsinnig anstrengend ist. Wobei es an einem selbst liegt, ob man, nachdem man sich in eine extrem kräfteraubende Position begeben hat, nach drei Sekunden Aua-Aua macht und sich umfallen lässt oder ob man wie die anderen Kursteilnehmer eine halbe Minute durchzuhalten versucht. Oder ob man die Position so vorbildlich hält, dass alle anderen sich vor Neid nach drei Sekunden fallen lassen. Im Grunde genommen ist Yoga damit ein klassischer Männersport. Man entscheidet selbst, wie sehr man sich quält. Und jeder, der nicht weiß, wohin mit seiner angeborenen Kraft, und der von Eitelkeit, Ehrgeiz und albernem Konkurrenz-Kikeriki nur so getrieben ist, ist hier genau richtig. Leider verstehen das die meisten Testosteroniker nicht. Und ausprobieren werden sie es auch nicht. Weil sie Angst haben, dass ihnen dann eine Vagina wächst. Darum wird es auf DMAX auch nie eine Yoga-Sendung geben. Und genau hier liegt die große Chance von Yoga! Die Dummen bleiben einfach, wo sie sind: zu Hause. Oder Sie gehen zu McFit in die Stinkebude und lassen sich Hanteln auf die Füße fallen. Und so lange das alles so bleibt, bleibt alles schön. Zumindest beim Yoga.

»Basmati.«

BUSENWUNDER

Es gibt Mütter, die nach der Geburt keine eigene Milch produzieren oder keine Zeit oder Lust haben, ihr Kind zu stillen. Es gibt andere Frauen, die nach der Geburt ihres Kindes nie aufgehört haben zu stillen und deren Milchfluss deshalb auch nie abbricht. Im Prinzip so wie bei Kühen. Wenn solche Frauen die Kinder anderer Frauen füttern, die keinen Milchfluss haben – quasi als Mietbrüste –, nennt man sie Hebammen.

Wer das glaubt, kommt jetzt bitte ganz nah ans Buch heran und fühlt sich von mir innig gedrückt. Denn genau das habe ich auch gedacht.

Und genau das ist natürlich kompletter Blödsinn.

AMMENBAMMEL

Eine Hebamme ist keine Amme. Eine Hebamme sorgt sich um die Bedürfnisse werdender Eltern und deren Babys im Bauch. Und sie bringt das Baby zur Welt. Aber sie gibt ihnen nicht die Brust. Diese Information auf leise Art und Weise durch ein Buch vermittelt zu bekommen ist sicherlich angenehmer als der Weg zur Weisheit, den ich nehmen musste. Ich zog es vor, einer Freundin über Jahre hinweg auf die Brüste zu starren. Ich wusste, dass sie Hebamme war. Also glaubte ich auch zu wissen, dass sie jeden Tag mit einem kleinen Pkw von Haus zu Haus fuhr, um mit ihrem Wunderbusen hungrige Babys zu füttern. So stellte ich mir das vor. Ich war nicht mehr sieben Jahre alt, als ich mir das vorstellte. Ich war ehrlich gesagt schon sehr lange in dem Alter, wo meine Bewunderung für ihren unermüdlichen Einsatz an der Brust auch zur Bewunderung der Brust selbst werden konnte. Und wurde. Nicht weil an ihrer Brust getrunken wurde. Das hielt mich eher auf Distanz. Sondern weil ihre Besitzerin sie in den Dienst einer guten Sache stellte. Das machte sie zu einem guten Menschen, und gute Menschen fand ich toll. Gute Frauen besonders.

Es blieb also nicht aus, dass ich mir vorstellte, wie sie und ich uns eventuell auch einmal auf eine sehr unangezogene Art näher kommen könnten. Untenrum zum Beispiel. Aber ging das überhaupt? Kann man Sex mit jemandem haben, aus dessen Brüsten Milch läuft? Wie läuft die denn überhaupt? Immer? Oder nur mittags zur Essenszeit? Haben Hebammen überhaupt Sex? Ich traf meine Hebamme regelmäßig. Ich war ein Freund ihrer Familie und wohnte mit ihren Geschwistern zusammen. Es wäre ein Leichtes gewesen, sie selbst oder ihre Geschwister mal zu fragen, was sie denn den ganzen Tag bei der Arbeit so treibt. Aber ich zog es vor, mir meine eigenen dummen Gedanken zu machen. Und so drehten sich ihre Brüste in meinem Kopf. Und sie wurden größer und größer und größer ... bis sie irgendwann vor Neugierde platzten.

»Hast du Milch in deinen Brüsten? ... Jetzt gerade?«

Ich weiß nicht, was Hebammen denken, wenn man sie fragt, ob sie Milch in ihren Brüsten haben. Wahrscheinlich denken sie dasselbe, was Busfahrerinnen denken, wenn man sie fragt, ob sie Milch in ihren Brüsten haben. Dass man einen an der Waffel hat! Ich kann mich ehrlich gesagt nicht mehr an die Reaktion erinnern. Und ich nehme genau dieses Sich-nicht-an-die-Reaktion-erinnern-Können zum Anlass zu glauben, dass sie schrecklich gewesen sein muss. Und dass es unendlich peinlich und erniedrigend war und ich es einfach verdrängen musste, um irgendwie weiterleben zu können.

Ach ja. In Graupensuppe sind übrigens keine Raupen drin. Dachte ich nämlich auch eine Zeitlang.

TENDENZIELL FRANZÖSISCH

Johnny kommt spät nach Hause. Sie hat sich mit den Mädels getroffen. Die Mädels sind eine Gruppe von Freundinnen. Sie treten als Einzelpersonen, in kleineren Gruppen und nur selten als vollständiger Club auf. Aber nicht alle Freundinnen sind auch Mädels. Nur die Mädels sind die Mädels.

Ich habe nie richtig verstanden, wie sich dieser Bund zusammensetzt und ob es ein fester Bund ist oder ob auch neue Mädels dazukommen. Nicht als Gäste, sondern als Nachwuchs. Als neue Mädels. Aber bisher waren es immer dieselben. Mal mehr und mal weniger. Ich glaube, die gemeinsame Verbindung der Verbindung ist die Arbeit. Aber genau weiß ich es nicht. Johnny ist immer gut gelaunt und im Kopf zerflaust, wenn sie mit den Mädels unterwegs war. Und so präsentiert sie mir auf dem Weg ins Bett ihre aktuellsten Flausen.

»Ich habe noch mal über meinen Namen in deinem Buch nachgedacht. Und ich will doch nicht einfach irgendwie heißen.«

»Also soll ich doch deinen richtigen Namen nehmen?«

»Nein! Das auf gar keinen Fall! Ist ja schon schlimm genug, dass ich überhaupt in deinem Buch vorkommen muss. Kannst du dir nicht einfach eine Geschichte ausdenken?«

»Doch. Kann ich. Aber ich habe schon angefangen. Und du hast gesagt, dass es okay ist.«

»Ja, ich weiß. Habe ich gesagt. Aber du darfst nichts Ekliges schreiben. Über Sex und so was.«

»Der Sex kam doch vor dem Buch. In dem Buch sind wir doch schon schwanger.«

»Aber wir haben doch immer noch Sex.«

»Ja, aber darüber schreibe ich nicht. Vielleicht über Sex im Allgemeinen. Aber nicht über unseren Sex. Ich rede ja auch sonst nicht mit Leuten darüber. Ist doch unser Sex. Und nicht deren.«

»Okay. Gut. Und jetzt zu dem Namen. Ich habe mit den Mädels geredet und stelle mir jetzt etwas tendenziell Französisches vor.«

»Aber der Leser des Buches wird doch wissen, dass deine Familie aus Bosnien kommt. Da kann ich dich doch nicht ›Poulette‹ oder ›Pénélope‹ nennen.«

Wir überlegen, was es für tendenziell französische Namen gibt, die in Frage kommen, und stellen dabei fest, dass alle französischen Mädchennamen, die ich kenne, aus dem Film *La Boum – Die Fete* stammen. Und dass das Mädchen in dem Film »Poupette« und nicht »Poulette« heißt. Und dass »Poulette« das französische Wort für »Hühnchen« ist. Ich schlage den Namen »Angélique« vor, weil ich zu wissen glaube, dass es in den 50ern mal eine sehr erfolgreiche Romanserie mit diesem Titel gab. Johnny schlägt mir ihr Kissen ins Gesicht, weil sie zu wissen glaubt, dass es eine sehr erfolgreiche EROTIK-Romanserie aus den Siebzigern war. Und weil sie weiß, dass es weh tut, wenn man jemandem ein Kissen ins Gesicht schlägt. Da ich nie einen *Angélique*-Roman gelesen habe, vermute ich, ihren Schlag verdient zu haben. Wir landen kurz bei »Anna«. Der ist zwar nicht französisch, aber nett. Finden wir beide. Johnny findet aber auch, dass »Anna« zu sehr nach dem Namen eines Mädchens klingt, das ich gedatet habe, als ich Johnny kennenlernte.

»Wie hieß die noch?«

»Wer?«

»Das Mädchen, das du gedatet hast, als wir uns kennengelernt haben.

»Anna.«

»Sag ich doch.«

»Anna« fliegt raus. Und viele andere auch. Es ist gar nicht so einfach, sich einen Namen auszudenken, wenn man schon einen hat. Als ich »Emmanuelle« vorschlage, bekomme ich noch mal das Kissen ins Gesicht. Auch »Emmanuelle 5« und »Black Emmanuelle« gefallen ihr nicht.

»Und wie findest du ›Lili‹?«

»Gut. Und du?«

»Auch gut. Tendenziell französisch.«

Wir einigen uns auf »Lili«. »Lili« finden wir gut. Ich tippe den Namen zweimal in mein Handy. Tippt sich gut. Genommen! Wir legen uns schlafen. Und haben keinen Sex. Aus Sicherheitsgründen, wie Lili anmerkt.

»Damit du nicht darüber schreibst. Falls das hier in deinem Buch auftaucht.«

ROSWITA

Dass Kinder in Krankenhäusern geboren werden, ist skurril, denn in den meisten Fällen ist niemand der Beteiligten krank. Deshalb gebären viele Menschen ihre Kinder auch lieber irgendwo anders. In einem Geburtshaus, bei sich zu Hause oder im Taxi. Das finden die Krankenhäuser doof. Eine Klinik ist, wie jeder andere Dienstleistungsbetrieb, ein Wirtschaftsunternehmen. Meine Freundin, das Internet, behauptet, eine Standardgeburt ohne Komplikationen und Drinks bringt der Klinik 1500 Euro. Das klingt nicht viel für eine so spektakuläre Show. Also machen die Entbindungsstationen ordentlich was los, um möglichst viele Frauen zu Muttis zu machen Und deshalb schlafen Chefärzte auch immer gerne und häufig mit Krankenschwestern. Und andersrum. Denn bei erfolgreicher Befruchtung haben am Ende alle was davon. Die Nummer geht dann sozusagen aufs Haus.

Nahezu alle großen Kliniken und Geburtshäuser präsentieren sich und ihre Vorzüge im Rahmen selbstbelobhudelnder Info-Abende. Aber wie man sich vorher schon denken kann: Alle wissen, wie es geht, und niemand empfiehlt einem, vielleicht doch besser in ein anderes Krankenhaus zu gehen oder sein Kind im Gartenhaus zu bekommen. Wer also schon mal auf einer Kaffeefahrt im Sauerland war und auch sonst ein ausgefülltes Privatleben hat, kann sich diese Zeit sparen. Wir haben bei der Auswahl unserer Geburtsstätte genau ein Kriterium: Sie muss in Laufweite einer Kinderstation liegen. Falls irgendein Unglück passiert, möchten wir nicht, dass das Baby schon zwei Minuten nach dem Schlüpfen lernen muss, wie man eine Reisetasche packt und sich ein Taxi ruft, um in die nächste Klinik zu fahren. Unser Baby soll in einer Klinik geboren werden und dort auch nicht unter Wasser, bei indischer Musik oder hüpfend. Wir möchten nicht nach einer glücklos verlaufenden Torfgeburt in Bademänteln durchs Moor waten und an der Landstraße Autos anhalten. Wir möchten nicht bei der »Meister-der-Herzen-Geburt« in den Katakomben der Arena »Auf Schalke« feststellen, dass auch bei Komplikationen die Sonderzüge zum Stadion und wieder weg nur am Wochenende fahren. Und das auch nur alle zwei Wochen. Unser Baby soll einfach geboren werden. Und sollte dabei etwas schieflaufen, sollen 50 Kinderärzte und Kinderkrankenschwestern helfen, es wieder geradezurücken. Wir sind keine Pessimisten, aber wir sind auch nicht irre. Und Johnny möchte sich bei ihrer Geburt vor allem sicher fühlen. Da kommt es ihr nicht darauf an, welche Farbe die Tapete hat und ob es exotisch nach Mango riecht oder die Geburtshelfer Kängurukostüme statt Kitteln tragen. Ehrlich gesagt sind ihr Kittel sogar lieber.

Unsere Hebamme heißt Roswita. Roswita wiegt keine 50 Kilo, aber sie könnte ausgediente Autobahntrassen mit den Händen abtragen. Sie streichelt einen auch mal, wenn es sein muss, aber lieber packt sie an. Sie ist eher wie ein Trainer als wie eine Mama. Sie sagt, wo's langgeht. Und das deutlich. Wer es kuschelig braucht, lässt die Finger von ihren Künsten. Wer aber wissen will, wo der Hase langläuft, und ihn gegebenenfalls auch noch geschossen, geschlachtet und serviert haben will, der braucht sie und wird sie lieben. Falls sie das zulässt.

Roswita war jahrelang die Leiterin der Geburtsstation eines berühmten Uni-Klinikums, hat dann aber auf eine weitere Krankenhauskarriere verzichtet. Weil sie lieber Babys zur Welt bringen wollte. Das ist eine Ansage! Sie ist ein Kompetenz-Monster, und das brauchen wir. Lili und ich sind nicht auf der Suche nach einem Abenteuer, sondern nach jemandem, der uns da durchbringt. Das ist ein Job für Roswita. Jetzt wird alles gut!

Leider lernen wir Roswita erst in ein paar Monaten kennen. Und bis dahin sind wir allein, allein.

SCHAUFENSTERBRÜSTE

H&M. Oder ZARA. Eine Automatiktür erkennt Lilis Bedürfnis, sich mit Schwangerschaftskleidung einzudecken, und mein Bedürfnis, sie dabei mit meinem sensationellen Geschmack zu unterstützen. Und da steht sie vor mir: eine 1,72 Meter große Plastedame. Keine Ahnung, ob sie sich heute noch nicht angezogen oder schon wieder ausgezogen hat, aber ihr Oberkörper ist nackt. Also tue ich es. Wie schon so oft. Ich lasse Lili etwas vorlaufen, damit sie sich nicht unnötig aufregt oder zu Tode schämen muss. Und dann tue ich es.

Ich fasse Schaufensterpuppen an die Brüste. Nicht immer. Nicht allen. Aber hin und wieder. Ich empfinde dabei weder irgendwas Erotisches noch einen anderen dauerhaften Lustgewinn. Ich mache es einfach nur gerne. Was ich, an echten Frauen vollzogen, ekelhaft und dummdämlich finde – hier ist es lustig. Ich grinse dabei. Vielleicht nicht so, dass man es sieht. Vielleicht eher ins Interieur als nach außen. Aber es amüsiert mich. Und da bin ich sicher nicht der Einzige! Ich bin der festen Überzeugung – und das nicht, um mich aus dem zugigen Fahrtwind der Perversion rauszubewegen –, dass täglich Hunderttausende Menschen Hunderttausenden Schaufensterpuppen an die Brüste fassen. Oder an den Hintern. Je nach Gemütslage. Das macht man eben so.

Würde man den anatomischen Defekt nicht existierender Nippel an Schaufensterpuppen durch einen kleinen Sensor regulieren, welcher nicht nur fühlt, wenn jemand Hand anlegt, sondern auch mitzählt, wie oft: Die Zahlen wären mit Sicherheit beeindruckend bis schockierend. Und würde man das Ganze mit Mini-Nippel-Kameras dokumentieren – YouTube und die *Galileo*-Redaktion hätten jeden Tag Schweinespaß bis Ladenschluss.

Am Abflugterminal von Palma de Mallorca liegt eine Skulptur

des Künstlers Botero. Auffallend weiblich, überlebensgroß und wie üblich sehr drall und in Nacktschwarz. Die Gute hat in den Jahren weder an Farbe noch an Fett gelassen. Die einzige hochglänzende, sonnengelbe Stelle ihres Körpers ist ihre linke Brust. Und das nicht, weil Botero ihr beim Lackieren weniger Aufmerksamkeit geschenkt hätte, sondern weil passierende Fluggäste ihr tagtäglich besonders viel davon schenken.

H&M. Oder ZARA. Lili ist in den Katakomben der Umkleide-Zone verschollen. Ich starre gebannt und mit berechtigtem Ekel auf die aktuelle Bermudahosen-Kollektion. Die Länge ist schwierig. Und sie sind schmal. Da stimmt doch anatomisch was nicht. Meinen die das ernst? Soll ich so was kaufen? Reglos stehe ich davor. Konzentration! Ich muss genau überlegen, was ich tue. Wenn ich jetzt einen Fehler mache, ist der ganze Sommer ruiniert. Plötzlich spüre ich eine Hand auf meinem Hintern, drehe mich um und schaue in die angsterfüllten Augen einer schreienden Person. Ein Mädchen in Todespanik kreischt so laut, dass ich vor lauter Schreck mitkreische.

»Entschuldige bitte«, sagt sie dann. »Es tut mir so leid. Ich dachte, du wärst eine Schaufensterpuppe.«

Entschuldige bitte, H&M. Oder ZARA. Aber wenn ich jetzt schon aussehe wie eine von euren Schaufensterpuppen, dann kaufe ich besser mal woanders ein.

Oder ich shoppe das nächste Mal mit freiem Oberkörper. Da sieht man dann auch aus dem Augenwinkel, was Plaste und was traurige Wahrheit ist.

DAMENWÄSCHEREI

H&M. Oder ZARA. Oder doch COS? Lili und ich sind mittlerweile bei der Damenwäsche angekommen. Ich stelle mir vor, die Damenwäscheabteilung wäre eine Abteilung, in der Damen gewaschen werden. Dann würde es hier nach Schauma und Avène duften und nicht nach PVC und Spitze. Und ich dürfte hier natürlich nicht rein. Aber ich darf leider. Und fühle mich unwohl.

Frauenunterbekleidung und ich sind ein schwieriges Paar. Erotische Unterwäsche finde ich unerotisch. Tangas finde ich peinlich wie Zipfelmützen. Die Unterwäsche, die mir gefällt (Frottee-Shorts im 70er-Jahre-Look mit farbigen Bündchen), will Lili nicht tragen. Auch keine Disco-Roller. Wenn ich eine Frau wäre, würde ich einfach normale Schlüpfer tragen. Die, die man schon als Kind anhatte. Am besten mit den Wochentagen drauf. Davon hätte ich dann drei Sets. Eins zum Tragen, eins für die Wäsche und eins für die Wäscheleine. Fertig! Wer sieht mich schon in Unterwäsche? Meine Partnerin findet mich eh heiß. Und wenn nicht, hilft da auch kein Schlüpfer mehr. Und ein potenzieller One-Night-Stand geht auch nicht mit Ständer zurück zur U-Bahn, nur weil man gerade den falschen Schlüpfer anhat.

Die Aufgabe, die mir Lili gestellt hat, ist, Wäsche zu finden, die an der Seite keine Naht hat. Das ist doch mal ein vernünftiges Kriterium bei der Wahl seiner Unterhosen. Keine Naht, kein Zwick und Zwack. Gibt es so was überhaupt? Ich fange an zu suchen und befingere alles bis ins Detail. Ob es Frauen nicht unangenehm ist, sich Unterhosen zu kaufen, die ich vorher angefasst habe? Die kennen mich doch gar nicht. Und dann direkt so eine intime Berührung. Also, ich kaufe meine Shorts verpackt und originalverschweißt. Ich will keine Schlüpfer tragen, die von fremden Frauen angefasst wurden. Igitt. Am besten noch mit so ganz langen bunten, angeklebten Fingernägeln. Bäh. Das kommt mir nicht an die Tüte. Und schon fühle ich mich wieder unwohl. Wenigstens ist Lili in der Nähe. Noch schlimmer, als in der Damenwäsche-Abteilung zu sein, ist es, alleine in der Damenwäsche-Abteilung zu sein. Da fühlt man sich dann immer so beobachtet. Als wäre man pervers. Oder ekelig. Wahrscheinlich guckt gar keiner, aber man denkt es.

Ich entschuldige mich bei Lili dafür, dass ich ihr keine große Hilfe bin. Sie nickt und bestätigt meinen Eindruck. Das macht das Ganze noch schlimmer. Ich mag nicht nutzlos sein. Also versuche ich, etwas Kluges zu tun.

»Ich weiß, wie ich dir helfen kann. Ich kann die Unterwäsche, die du ausgesucht hast, ja gleich für dich anprobieren. Ich bin doch jetzt schon so dick wie du erst in zwei Monaten. Ist doch praktisch, oder?«

Lili schlägt mir eine Handvoll Unterhosen auf den Kopf. O Gott, jetzt habe ich Unterwäsche nicht nur angefasst, sondern auch noch in meinen Haaren gehabt. Was ist denn, wenn eine Frau zu Hause ein Haar von mir in ihrem Schlüpfer findet? Wie furchtbar ist das denn? Und wie erklärt sie das ihrem Freund? Was für ein Grauen! Ich renne weg, durch die Kinderabteilung zur Kasse.

Und warum gibt es eigentlich keine Spider-Man-Schlafanzüge für Erwachsene? Das Leben ist ungerecht.

Und voller Haare.

DER EKSTASE-BH

Auf dem Weg an der Kasse vorbei kommt mir der Gedanke, mein ambivalentes Verhältnis zu erotischer Unterwäsche mal für mein Lieblings-Magazin zu protokollieren. Ich bin Redakteur einer führenden Musik-Gazette und schreibe dort seit sieben Jahren eine Kolumne. Und Sex geht doch immer!

Auf dem Weg durch die piependen Sicherheitsschranken, fällt mir ein, dass ich vergessen habe, an der Kasse anzuhalten, und dass ich einen Text über Damenwäsche bereits geschrieben und schon vor Jahren veröffentlicht habe. Ich beschließe, besser zurückzurennen und meine Ware zu bezahlen. Und den alten Text noch mal zu lesen.

DER EKSTASE-BH

Kolumne, Dezember 2007

Zu den Dingen, die in meinem Leben nie eine Bedeutung hatten, zählen vor allem die Hochsee-Fischerei, Mutproben mit Hundefutter und Erotik-Unterwäsche.

Ich habe keine Ahnung, wer Reizwäsche kauft. Im Schlafzimmer meines Lebens sind die Menschen entweder noch angezogen oder bereits nackt. Noch nie stand ich vor einer Beischlaf-Bewerberin, um mich mittels meiner zeitlos eleganten Unterhose positiv in Szene zu setzen. Ich habe tolle Unterhosen! Aber ich bezweifle, dass diese Art von Balz jemals zur späteren Verschmelzung gegenseitiger Interessen geführt hätte.

Höre ich das Wort »Spitzenhöschen«, denke ich an meine Oma, an die fünfziger Jahre, an Funkenmariechen und an Hoffmans-Gardinen-Neu. Da regt sich NICHTS bei mir! Spitzenunterwäsche derotisiert mich. Sie macht mir Angst. Sie ist aus Plastik. Ich habe Angst, sie könnte Feuer fangen. Ich habe Angst, sie könnte sich durch Reibung aufladen und mich, mein Bettzeug und meine Liebste statisch elektrisiert aus dem Fenster katapultieren.

Mädchen in Dessous sehen immer ein wenig aus wie traurige Nutten aus der Ukraine. Ich will einfach nicht glauben, dass aufgeklärte Menschen des 21. Jahrhunderts, meine Freunde, Menschen mit Skateboards, Neon-Abos und The-Hives-Shirts ihr Beziehungs-Workout in Straps-Outfits mit Schlitz im Schritt betreiben. Die Begeisterung für Kleidung, in der man sich nackt zeigt, ohne dass man sich wirklich nackt zeigt, entspringt bestenfalls der Prüderie, niemals aber der aufrichtigen Leidenschaft für einen Menschen, einen Körper, einen Geruch, dem man so nahe sein möchte, wie es nur eben geht. In Geschlechts-Gardinen vögelt der Kleingeist, nicht der Freigeist!

»Aber Yessica, der Reiz ist doch, nicht ALLES zu sehen. Etwas im Verborgenen zu lassen. Lass deiner Phantasie freien Lauf!« Mach ich! Und setzt ihr euch bitte das nächste Mal im Kino hinter den Mann mit dem großen Hut. Dann bleibt der halbe Film im Verborgenen und eure Fantasie kann ordentlich rumrennen, um rauszubekommen, wer der Mörder ist (und wie er überhaupt aussieht!). Malt euch die Pupillen doch mit Edding schwarz! Die Fantasie wird's schon richten.

INFO: Der »Ekstase-BH« der Firma Wonderbra ist DIE Innovation auf dem Brusthöschen-Markt. Er hat eingebaute erigierte Nippel!

Die höchste Form der Ekstase ist bekanntermaßen das Nirwana. Und genau dieses Nirwana scheint die offizielle Postadresse der Konstrukteure des Nippel-BHs zu sein. Denn diese Irren haben es nicht nur geschafft, die Warzen an der falschen Stelle anzubringen (zu hoch!), sondern auch noch vergessen, dass die Nippel einer Frau bei Frost oder Erregung TATSÄCHLICH anschwellen. Heißt: Sie hätte dann vier Nippel. Zwei links, zwei rechts. Und genau so gehören diese Irren geklatscht! Zwei links, zwei rechts.

Guten Abend!

DER ULTRASCHALL-IGEL

Neben den Untersuchungen, die Krankenkassen für sinnvoll halten, um Babys und Eltern durch das Tal der Ahnungslosigkeit zu leiten, gibt es zahllose und sauteure sogenannte »individuelle Gesundheitsleistungen«, die man bei seinem Gynäkologen dazubuchen kann. Da sich Schwangere in einem permanenten Panikzustand befinden, machen sie einfach alles – wirklich alles –, wovon ihnen ahnungsvolle Ärzte, Freunde, Verwandte, Magazine und Schlupflidkröten (zumindest, wenn sie weiße Kittel tragen) nicht entschieden abraten, solange sie es sich leisten können. Und eigentlich auch, wenn nicht.

Man schickt sein Baby zum Ersttrimester-Screening, misst die Nackenfaltentransparenz und lässt seinen Körper nach Schwangerschaftsdiabetes, Toxoplasmose, Streptokokken B, Zytomegalie-Infektionen, Ringelröteln, Windpocken und allem möglichen anderen Zeug durchsuchen. Das Gemeinste am Schwangersein ist nicht, dass man dicker wird, einem schlecht ist, man von nichts eine Ahnung hat, man sich nicht mehr so gut bewegen kann, nicht saufen, rauchen, kiffen und seilchenspringen darf und Schokolade nicht von der Krankenkasse übernommen wird. Das Schlimmste ist, dass niemand die Eier hat, einem verbindlich zu sagen, was man tun soll. Permanent ist man der Dumme in einem Raum voll Schlauer und zugleich derjenige, der alle Entscheidungen treffen muss. Entscheidungen, für die die Schlauen Kompetenzen haben, man selber aber nicht. Und das alles, damit man später nicht behaupten kann, da wäre ein Schlauer gewesen, der einem zu etwas Dummem geraten hat. Soll ich für 2000 Euro Stammzellen einlagern lassen? Soll ich eine Fruchtwasseruntersuchung vornehmen lassen, um sicherzustellen, dass es meinem Baby gut geht, und dabei riskieren, dass es stirbt? Was sind Stammzellen überhaupt? Was können die? Und bin ich kein guter Papa, wenn ich keine 2000 Euro habe?

Eine von den Sachen, die man tun oder lassen kann, ist Babyfernsehen. Neben den drei üblichen Ultraschall-Untersuchungen kann man sich seinen Mitesser gegen Extra-Bezahlung so oft angucken, wie man lustig ist. Das Pay-TV läuft über die Bauchdecke oder via Kabelanschluss durch die Vagina. Für 35 Euro pro Sendung gibt es krisseliges Schwarz-Weiß-Fernsehen. Von der besten Szene bekommt man dann einen Screenshot mit nach Hause, der aussieht wie eine Schlechtwetterfront über Malibu. Fürs Familienalbum.

Wer bis zu 100 Euro zahlt, bekommt Farbfernsehen und 3D ohne Brille. Das ist mitunter so gruselig, dass man sich fragt ob H.R. Giger die Aliens wirklich im Alleingang erfunden hat oder ob es da eine ultraschallende Vorlage gab.

Für 240 Euro gibt es dann die Flatrate und das kommende Glück bei jeder Sitzung in 3D/4D mit DVD und allem Pi, Pa und jeder Menge Po. Und wer jetzt denkt, dass sich so etwas nur ein Irrer ausdenken kann, der hat recht.

Ich war es aber leider nicht.

ULTRASCHALL-WOLLMANTELMANN FEUERSTEIN

Der zweite Ultraschalltermin steht an. Um sich mit seinem Baby zu treffen, wenn es noch nicht rausgekommen ist, braucht man Ultraschall. Ultraschall ist eine Superkraft. Eine Superkraft ohne Superhelden dran. Ultraschall kann durch Babys hindurchfliegen und ist dabei so schnell, dass es die Babys nicht mal mitbekommen. Ultraschall ist fast so schnell wie Superman. Superman ist das Schnellste, was es gibt auf der Welt. Aber nicht mal er kann durch einen Menschen hindurchfliegen. Nur Ultraschall kann das!

Lili und ich haben beschlossen, unser Kind so oft wie möglich zu treffen. Also zahlen wir eine Summe mit mehreren Nullen auf unser Guthabenkonto bei unserer Frauenärztin ein. »Pay to play« ist das Motto, und da wir machen mit. Wir sind beide Oldschool und bevorzugen die 2D-Variante. Als der Monitor angeht, verlieren wir die Fassung. Wir sind von unserem Glück erschlagen. Da ist ein Baby im Bauch. Und es wackelt. Wenn man nicht gerade hochreligiös ist, macht es einen riesigen Unterschied, etwas zu wissen oder etwas zu sehen. Genauso, wie es zwei grundverschiedene Dinge sind, an jemanden zu denken oder dem Jemand mit einem Glas Rotwein in der Hand gegenüberzusitzen. Wir reden nicht viel. Es rührt in uns. Unser Baby hat keinen Rotwein in der Hand. Aber es hat eine Hand. Das reicht für den Anfang.

Nach dem Termin sitzen wir im Auto. Wir weinen. Ich wedele mit den Armen, um nicht im Glück zu ersaufen. Lili ist am Ende. Sie sagt, die Untersuchung sei für sie wie ein Marathonlauf gewesen. Die ganze Zeit habe ihr Herz wie wild geschlagen. Und sie weiß nicht mal genau, warum. Ich finde, ein Baby mit sich herumzutragen, von dem man nie genau weiß, ob es nun da ist oder nicht, und es dann plötzlich ganz real im Fernsehen zu sehen, ist schon ein Haufen Grund für Herzrasen. Das findet Lili auch. Wir schweigen wir eine Weile. Dann redet sie. »Was machen wir denn jetzt?«

»Du wolltest doch Schuhe kaufen.«

»Aber wir können doch jetzt nicht in die Galleries Lafayette gehen und nach Schuhen gucken! Das ist so profan. Und ich bin so aufgewühlt.«

»Aber du gehst gerne Schuhe kaufen. Vor allem, wenn du aufgewühlt bist. Schuhe gucken beruhigt dich.«

»Stimmt. Schuhe gucken beruhigt mich.«

Wir küssen uns das angetrocknete Salz aus unseren Gesichtern. In der Schuhabteilung lächelt Lili in die Regale. Nichts lächelt zurück. Also lassen wir die unhöflichen Schuhe, wo sie sind. Irgendwie landen wir bei H&M und ich in einem Wollmantel. Ich habe noch nie einen Wollmantel angehabt. Keine Minute meines Lebens. Als Wollmann fühle ich mich verkleidet. Lili weiß über Wollmäntel Bescheid.

»Ein Wollmantel muss aus Wolle sein. Sonst hält er nicht warm.«

Eine Wahrheit, die mir einleuchtet. Warm ist mir. Und der Mantel ist ein bisschen wie ein Cape. Ich könnte Ultraschall-Wollmantelmann werden und durch Babys hindurchfliegen. Nicht schlecht! Aber eigentlich ist Ultraschall-Wollmantelmann zu lang für einen Superheldennamen. Und ein Mantel ist auch kein Cape. Auch wenn es ein langer Mantel ist. Ehrlich gesagt sehe ich auch eher aus wie ein Jäger, nicht wie ein Superheld. Und schlimmer noch: Ich sehe 15 Jahre älter aus, als ich bin. Ich sehe aus wie ein Erwachsener. Wie ein Mann. Als hätte ich schon ein Kind. Eins, das schon zur Schule geht. Ich will nicht, dass mein Baby auf die Welt kommt, mich in einem Wollmantel sieht und denkt, ich hätte schon ein anderes Kind. Oder dass es Angst hat, ich würde gleich versuchen, durch es hindurchzufliegen. Das wäre kein guter Anfang. Der Mantel kommt weg!

In einem hochhomosexuellen Fachgeschäft für Hinstellerchen und Rumliegerchen entdecken wir ein Paar Babyschuhe der Firma Bamm-Bamm. Ich versuche immer noch, unsere Freunde Adriano und Ornella zu überreden, ihr Kind »Bamm-Bamm« zu nennen, wenn sie einen Jungen bekommen. Natürlich nur, um unser Kind dann »Pebbles« zu nennen, wenn es ein Mädchen wird. Leider geht die Begeisterung der Geröllheimers für diese Idee gegen Null. Und sie heißen auch gar nicht Geröllheimer. Noch nicht! Die Schuhe sind auf jeden Fall ein massives Pro-Argument. Wer außer berühmten Fußballspielern und Pumas hat schon Schuhe mit seinem eigenen Namen drauf? Bamm-Bamm hätte welche. Wir kaufen die Schuhe. Und das genau eine Woche nachdem wir uns aufgeregt haben, dass uns jemand sechs Monate vor der Geburt schon einen Strampelanzug geschenkt hat. Aber bei uns ist das natürlich etwas anderes. Wir befinden uns ja in der Schutzzone der Anderen Umstände. Da darf man alles.

Und Bamm-Bamm wird uns schon nicht dafür verhauen.

WEICHMACHER

Ich sitze im Auto und lasse die Autobahn unter mir her und die Landschaft an mir vorbei ziehen. Ich habe auf einer Hochzeit an der Ostsee aufgelegt und fahre jetzt heim zu Lili. Ich weine. Ich weine andauernd. Nicht so oft, dass es nervt. Aber so oft, dass ich nicht mehr mitzähle. Meistens weine ich, weil es mir gut geht. Weil etwas besonders gut schmeckt, die Probe besonders viel Spaß macht oder weil Julia Roberts im Türrahmen vor mir steht, sich für alles entschuldigt, was sie in den letzten 90 Minuten so angerichtet hat und endlich ihre vermeintlich harte Schale ablegt und mich bettelnd ermahnt:

»Aber vergiss nicht: Ich bin auch nur ein Mädchen, das vor einem Jungen steht und ihn bittet, es zu lieben!«

Das Baby hat mich weich gemacht. Und irgendwer manipuliert meine Hormone. Als Mann weiß ich mir mit Wissenschaft und angewandter Logik zu helfen: Ich bin chemischen Prozessen im Inneren meines Körpers ausgesetzt. Mehr ist es nicht. Diese chemischen Vorgänge sind an sich natürlich alles andere als romantisch, aber ihre Auswirkungen sind es. Das ist so. Zwei Flaschen Wein trinken löst am Ende auch nur einen chemischen Prozess im Körper aus. Trotzdem steht man plötzlich nackt auf einer Party, hält sein Genital in der Hand und glaubt, im Paradies mit Gott zu sprechen. Oder zumindest mit der Schlange. Das lässt sich am nächsten Tag auch mit jeder Menge angewandter Logik nur bedingt ins Licht der Sinnhaftigkeit rücken.

Morgens war ich vor lauter Ausschlafen erst gegen Mittag zum Frühstücken gekommen. Es gab ein Meer, und mir war maritim zumute. Also setzte ich mich in eine Gosch-Filiale, zertrampelte vor meinem geistigen Auge einen Nutella-Toast und entschied mich stattdessen für Backfisch mit Bratkartoffeln. Ein Mann, ein Meer, viel Fett, Kohlenhydrate und ein Stück Fisch. Plus Remoulade. Ich war glücklich. Ich dachte kurz darüber nach, etwas zu weinen. Aber das Essen war salzig genug, also sparte ich mir die Tränen für die Rückfahrt. Da würde sich schon eine Gelegenheit ergeben. Außerdem hatte ich erst letztes Wochenende ein Nahrungsmittel beweint. Ein Bekannter von einer Bekannten hatte mir beim Pferderennen ein Bier geschenkt. Kein gutes Bier. Aber ein kaltes. Und es war drei Uhr nachmittags. Und die Sonne schien. Da kann man doch schon mal heulen!

Die Hormone malten mir mein Essen schön. Fangfrischer Fisch und Frühkartoffeln vom Binzer Wochenmarkt. Natürlich war mir klar, dass dieser Backfisch die Ostsee nur vom Teller aus gesehen hatte. Wahrscheinlich wusste er nicht mal, dass es in Deutschland überhaupt Meer gibt. Und was Deutschland ist. Keine Ahnung, was man den kleinen Fischen im Tiefkühlwagen auf ihrer Fahrt durch Europa so beibrachte. Und auch die Bratkartoffeln stammten wohl eher aus Bratislava als von Rügen. Aber das war mir dank der Weichmacher in meinem Körper schnuppe. Das Frühstück war herrlich! Ein Tagtraum mit Gurkensalat-Beilage. Und denke ich heute an Backfisch, dann denke ich an diesen.

Ich gucke aus dem fahrenden Fenster. Wahrscheinlich hat der Fisch von vorhin genau dieselbe Autobahn genommen wie ich jetzt. Nur in die andere Richtung. Mein iPod läuft durcheinander. Ein bisschen System Of A Down, ein bisschen Billie Holliday, Adam Ant, die Beastie Boys, noch mal die Beastie Boys und etwas aus dem Hörbuch *Ich, Gina Wild* von Manuela Schaffrath, The Who, M.I.A., Simian Mobile Disco, Nomeanso, die Scissor Sisters, Rage Against the Machine, Justice, D.A.F., endlich mal ABBA und dann ... kommen mir die Tränen.

Also, damit hätte ich jetzt nicht gerechnet!

Wenn es wenigstens bei »Knowing Me, Knowing You« gewesen wäre. Aber bei diesem Song?

Der Song, bei dem mir die Tränen kommen, heißt »Vereinfachen« und ist von Bosse. Die erste Strophe ist egal. Aber die zweite Strophe kann alles. Bei der ersten Strophe gucke ich noch auf die trockene Fahrbahn. Erst in der zweiten wird sie dann in meinen Augen nass. Würde mich jemand bitten, eine Top Ten der besten Textzeilen deutscher Musik zusammenzustellen, Axel Bosses zweite Strophe wäre dabei.

»Vereinfachen« ist ein komisches Musikstück. Eher ein Kabinettstückchen als ein Musikstückchen. Man kann nicht dazu tanzen. Und für Sex taugt es auch nicht. Es ist von der Haltung her eine tragische Liebesballade am Klavier. Im Refrain singt Bosse dann »Vereeeeinfachen, vereeeeeinfachen«. Ein bisschen so wie »Freeeeiheit, Freeeeiheit« von Marius Müller-Westernhagen. Nur mit dem Unterschied, dass das Wort »vereinfachen« als Refrain völlig ungeeignet ist. So wie der ganze Text für eine Liebesballade am Klavier völlig ungeeignet ist. Und holperig ist er auch irgendwie. Und nichts reimt sich. Oder fast nichts.

Der Song handelt von den erbärmlichen Zuständen in der Medienbranche. Könnte aber auch in einer Musik-Redaktion spielen. Oder in der Werbung. Und er braucht dafür genau nur 38 Worte. 38 Worte, um ein Bild zu malen, für das ein weniger guter Dichter alleine 38 Pinsel nur für den Hintergrund bräuchte.

Ich stelle mir vor, wie ich den Text von Bosse aufschreibe und jemandem zum Lesen gebe. Dann würde ich ihn beobachten wie bei einem Versuchsaufbau im Physik-Labor und gucken, wann er anfängt zu weinen. Aber das wird er nicht. Niemand wird das tun. Warum auch? Von Frank Zappa stammt das dauerbemühte Zitat »Über Musik zu reden ist wie über Architektur zu tanzen«. Dasselbe gilt natürlich dafür, über Musik zu schreiben. Oder Musik aufzuschreiben. Oder ihren Text. So geht das einfach nicht.

Also. Sollte jemand gleich beim Lesen auch nur das kleinste

Verlangen haben, einige Tränen zu lassen: Dann würde ich empfehlen, besser mal einen Schwangerschaftstest zu machen.

»Die Volontäre werden langsam
genauso stumpf wie ihre Chefs.
Koksen und nichts sagen können
und Bier umsonst. Auf irgend so 'ner Party.

Girls anpacken, Girls beglotzen.
Mit irgendeiner Scheißband protzen.
Angeln und nichts fangen können
im großen Teich.

Vereinfachen, vereinfachen,
vereinfachen. Das is' mein Tipp!
Vereinfachen, vereinfachen,
vereinfachen und aufs Dorf zurück.«

GNTM

Lili und ich gucken mal wieder Babyfernsehen. Schwarz-weiß und krisselig. Wir sind bescheuert vor Glück. Das Baby macht Sachen. Irres Zeug. Es ist ganz aufgedreht. Die Frauenärztin überzeugt mit viel Einfühlungsvermögen und Ballhausscher Kameraführung. Sie versucht uns interessante Details und ungewöhnliche Perspektiven zu zeigen, aber das kleine Kaulquapp macht, was es will, posiert und inszeniert sich völlig selbstständig. Von so viel Agilität beeindruckt, wagt die Ärztin eine erste Prognose bezüglich der Zukunftspläne unseres Kindes.

»Das wird bestimmt mal ein Fotomodell, so, wie es sich immer präsentieren will.«

Ein was? Bitte das nicht! Lili und ich schlagen die Hände über dem Kopf zusammen. Beide gleichzeitig. Aber unsichtbar.

Wir sind für ein wenig Babyfernsehen gekommen, und was läuft? *Germany's Next Topmodel!* Ausgerechnet. Warum nicht wenigstes irgendwas auf arte oder 3sat? Ich überspiele unsere Sorge über die bevorstehende Magersucht unseres Kindes und den wechselnden Geschlechtsverkehr mit falschen Agenten und blinden Fotografen und bemerke selbstbewusst, dass bei so gutaussehenden Eltern ja auch kaum etwas anderes herauskommen könne als ein Top-Model. Frau Doktor Nostradamus guckt zu mir hoch und mustert mich. Plötzlich ist sie sich ihrer Sache nicht mehr so sicher.

Unser Kind winkt grinsend in die Kamera. Ach so! Sollte wohl nur ein kleiner Begrüßungsscherz sein.

DIE LIEBESPRÜFUNGEN

Die Gesprächsthemen amtierender Eltern sind zu großen Teilen ekelerregend. Ein bisschen wie bei betrunkenen Schwesternschülerinnen auf Klassenfahrt. Leider merken das die wenigsten von ihnen. Die neuen Themen schleichen sich sehr langsam und fast unmerklich ins Repertoire. Nur permanente Selbstreflexion kann einen in so einem Fall vor dem Verlust aller alten Freunde schützen. Die haben nämlich nach wie vor keine Lust, sich ihr Schnitzel-Risotto mit verbalen Exkrementen aus schwangerem Mund garnieren zu lassen. Und ehe man sichs versieht, sitzt man plötzlich nur noch mit anderen Ekelhaften zusammen. Mit Müttern. Und Vätern. Und Werdenden. Igitt!

Um Paare schon während der Schwangerschaft optimal auf die postnatale Gesprächstonalität vorzubereiten, hat sich der Erfinder der Schwangerschaft ein tolles Spiel ausgedacht. Das Spiel heißt: »Was würdest du für unser Baby tun?« Und es geht so:

»Christian.«

»Ja.«

»Was würdest du für unser Baby tun?«

»Was meinst du?«

»Was wärest du bereit – im Notfall und wenn es deinem Baby helfen würde – an extremen Dingen für dein Kind zu tun?«

»So was wie es aus einem brennenden Haus zu retten?«

»Nein. Das macht doch jeder.«

»Dann sag mal ein Beispiel.«

»Würdest du zum Beispiel seine Fingernägel essen?«

»Ich soll die Fingernägel unseres Babys essen?«

»Du musst dir natürlich vorstellen, es wäre für irgendetwas gut. Zum Beispiel, dass das Baby krank ist und sofort wieder gesund wird, wenn du seine Fingernägel isst.«

»Was soll denn das für eine Krankheit sein?«

»Ist doch total egal. Würdest du?«

»Mmhhh. Ja, würde ich schon.«

»Und die Haare?«

»Was soll es denn bringen, die Haare von jemandem zu essen?«

»Jetzt mach doch mal mit.«

»Ja. Würde ich.«

»Und was ist mit Urin?«

»Ja. Ich würde auch deinen Urin trinken, wenn es sein müsste. Wenn es irgendeine Krankheit gäbe, die sich durch das Trinken deines Urins heilen ließe, würde ich's tun.«

»Hast du schon mal?«

»Weder deinen noch meinen. Ich mag lieber Orangensaft zum Frühstück.«

Und so sitzt man sich gegenüber und entführt sich gegenseitig in die geheimnisvolle Welt von Igitt und Bäh. Noch ganz scheu und vorsichtig begeben Lili und ich uns von nun an immer wieder in kleinen Etappen auf die Reise dorthin. Erst zwei Jahre später werde ich Ohrenzeuge eines Tischgesprächs, das nicht nur umgehend meine Lust auf das vor mir stehende Karamelleis mit Meersalz zum Schmelzen bringt, sondern mich vor allem um eine Wahrheit reicher macht: So weit werden wir es nie bringen!

Sie: »Würdest du die Kotze von Karl essen?«

Er: »Hab ich schon.«

SCHWEIGEN UND GENIESSEN

Ich bin nicht ausgeprägt schadenfroh. Ich bin auch kein Voyeur. Aber ich mag Slapstick. Ich mag es, wenn das Leben sich über uns lustig macht. Wenn es uns um etwas mehr Aufmerksamkeit bittet und uns zugleich mit leichten Schlägen auf den Hinterkopf für unsere Dummheit bestraft. Ich bin einmal mit einer Torte auf der rechten Hand balancierend aus einem Bus ausgestiegen und vor einen Laternenpfahl gelaufen. Ich stand vom Kopf bis zum Schritt in der Laterne. Die Schmerzen waren unerträglich. Die Torte, mein rechter Arm und mein linkes Bein hatten das harte Standeisen bereits passiert, als Schädel, Brust, Bauch und Hoden zu Pfahl gebracht wurden. Und so stand ich dort. Mit Höllenschmerzen an der kompletten Front. Schmerzen, die mich zwingen wollten, mich zu krümmen und einer Sahnetorte in der Rechten, die genau das nicht zuließ. Und einem Bus voller Menschen, der wie eine mobile Tribüne neben mir stand und unter lautem Gejohle nur sehr, sehr langsam Fahrt aufnahm. Damit auch wirklich alle etwas davon hatten!

Auch wenn ich damals auf der schmerzhaften Seite des Lebens stand, bin ich bis heute glücklich darüber, ein nicht unwichtiger Teil dieses kleinen großen Moments gewesen zu sein. Ich bin keinem Fahrgast böse, der meinen Schaden zum Anlass der Freude nahm. Auch nicht meiner extrem attraktiven Damenbegleitung, die noch zwei Tage lang an der Bushaltestelle in ihrem eigenen Urin lag und lachend auf mich zeigte. Das war die Aufgabe, die mir das Universum an diesem Mittag zugewiesen hatte. Mein Job war, mich zur Erheiterung der anderen blöd anzustellen. Und ich hatte ihn gut gemacht.

Aber heute Abend ist jemand anderes dran!

Es ist Freitagabend. Lili und ich gehen irgendwohin essen und anschließend zur Feier eines Freundes, der einige Fotos ausstellt und anschließend seinen Triumph mit einer großen Party feiert. Lili trinkt nicht, wegen des Babys. Ich trinke auch nicht, wegen Lili. Alle anderen sind saubesoffen. Ich unterhalte mich mit Torben. Torben ist wie ich Musikjournalist und vor einigen Monaten von unserem gemeinsamen Magazin in eine andere Redaktion gewechselt. Im Gegensatz zu allen anderen brauchen wir die Party nicht, um uns gegenseitig zu erzählen, wie dufte wir sind und wie gut es uns gerade geht. Wir sind wirklich dufte, und es geht uns wirklich gut. Also reden wir über Van Halen, seine Ex, seine Tochter und wie es sich mit einer E-Mail-Adresse vom Springer-Verlag so leben lässt. Nach einigen Minuten erweitern wir die Runde um die vor lauter Freude kreischende Romy. Romy und ich haben uns lange nicht gesehen und begrüßen uns mit angemessen intimen Gesten und so laut, wie es nötig ist. Dann stelle ich die beiden einander vor.

»Torben, das ist Romy. Romy, das ist Torben.«

»Hallo, Torben. «

»Hallo. Wie heißt du? Ich habe das gerade nicht verstanden.«

»Romy.«

»Hallo, Romy.«

»Wir kennen uns doch.«

»Ach ja. Entschuldige. Woher noch mal?«

Romy lacht über Torbens Scherz. Die beiden scheinen sich so gut zu kennen, dass Romy die Frage nicht beantworten muss. Und es auch nicht tut. Sie geht direkt zu Smalltalk über. Torben lacht auch. Er hat keine Ahnung, wer Romy ist.

Als ihr das klar wird, gefriert die Szene in meinem Kopf zu Eis. Nichts bewegt sich. Nichts außer meinen Gedanken. Bestimmt würde es seiner Erinnerung auf die Sprünge helfen, wenn Romy sich kurz ausziehen würde. Macht sie aber nicht. Alle Menschen stehen still und ihre Lippen sind gefroren. Als hätte jemand in nullkommanull Sekunden eine Million Liter Wasser in die Party gelassen und schockgefroren. Eis. Kaltes, klares Eis. Stille.

Torben hat nicht nur keine Ahnung, wer sie ist, er hat auch keine Ahnung, wie das jetzt hier weitergeht. Irgendwie bekannt kommt sie ihm schon vor. Aber nicht bekannt genug. Ich stehe zwischen den beiden und ahne etwas mehr. Und ich bin sooo dankbar, dass ich das jetzt miterleben darf.

Wie gesagt, ich bin nicht ausgeprägt schadenfroh. Ich bin auch kein Spanner. Aber ich mag Slapstick. Ich mag es, wenn das Leben sich über uns lustig macht. Wenn es uns um etwas mehr Aufmerksamkeit bittet und uns zugleich mit leichten Schlägen auf den Hinterkopf für unsere Dummheit bestraft. Und ich genieße das mit jeder Menge Liebe. Mit Liebe für die Geschädigten, Liebe fürs Leben und Liebe zur Comedy.

Jetzt habe ich Zeit zu genießen. Langsam gehe ich auf die Knie. Wie durch Butter schneiden sich meine Schienbeine ihren Weg durch das gefrorene Nass. Demütig falte ich meine Hände zum Gebet. Ich danke meinem Schöpfer dafür, genau jetzt genau hier und nirgendwo anders auf der Welt sein zu dürfen. Und ich danke ihm dafür, dass offenbar niemand in dieser geselligen Runde auch nur eine Ahnung davon hat, welche dramatische Wendung dieses Gespräch gleich nehmen wird. Vor allem aber Torben nicht.

Und dann kommt es, wie es kommen muss. Die Szene, in der sich die beiden Hauptdarsteller eines One-Night-Stands nach Wochen zufällig wiedertreffen und nicht wissen, wie sie mit der Situation umgehen sollen, wurde bereits 1421-mal verfilmt. Die Szene, in der sich die Hauptdarsteller eines One-Night-Stands nach Wochen zufällig wiedertreffen und nur einer von beiden überhaupt noch von einem One-Night-Stand weiß, gibt es dagegen schon nur noch 121-mal auf DVD und Blu-ray. Aber das hier ist keine DVD. Das ist live. Und sich einen Kuchen in der Zeitung anzugucken, ist etwas anderes, als ihn zu essen. Und so ist es nicht weniger als ein Geschenk des Himmels, zwischen zwei Menschen zu stehen, deren Körperfarbe gleich in Nullkomma-nichts von Mauve zu Hochnotrot wechseln und deren Körpertemperatur in Sekundenbruchteilen eine Million Kilo Eis in einen Geysir der guten Laune verwandeln wird. Meiner guten Laune!

Dann erfährt Torben, wie gut er Romy schon kennt. Und Romy erfährt, wie wenig Torben davon weiß, wie gut sie sich schon kennen. Und ich erfahre, mit wie viel Ähhs und Ähms sich Kommunikation betreiben lässt.

Ich erzähle den beiden jetzt mal nicht die Geschichte, wie ich mit einer Torte in eine Laterne gelaufen bin. Ich glaube, ich rede jetzt mal zwei Minuten überhaupt nicht. Manchmal muss man einfach auch mal den Mund halten und zuhören können.

Ich finde, das ist jetzt so ein Moment.

DIE WOCHE DER EUPHORIE

Montag fällt Yoga aus. Oder ich lasse es ausfallen. So oder so ist es so das beste Yoga der Welt.

Dienstag gehe ich zum Zahnarzt. Der findet nichts und macht nichts und sich damit zum besten Zahnarzt der Woche.

Mittwoch treffe ich Basti. Basti ist ein Top-Typ. Wir nehmen Bier und reden nicht übers Wetter. Ein absoluter Weltklasse-Mittwoch.

Donnerstag ist Konzert. The Posies. Besser kann man Musik nicht machen. Auf dem Heimweg baue ich der Band ein Denkmal in meinem Herzen.

Freitag. Wenn das heute so weitergeht, spiele ich morgen Lotto, kaufe mir am Sonntag eine Motorjacht und tausche sie am Montag gegen einen Kran. Einen Kran wollte ich immer schon haben.

Aber es geht nicht weiter. Es geht bergab.

Lili und ich haben einen Termin bei einem Versicherungsmakler. Besser gesagt, er bei uns. Wir wollen mal gucken, was wir so haben und nicht brauchen. Oder ob was fehlt. Lili zeigt erste Anzeichen von Nestbauverhalten. Das ist bei schwangeren Frauen so. Sie fangen an, alles in Sicherheit zu bringen. Sich, ihren Partner, ihre Zukunft, ihre Wohnung, ihre Ersparnisse und das Baby. Sie räumen auf, werfen weg und kaufen neu. Sie bauen sich und ihrer Familie einen gepanzerten Kokon aus frisch gestrichenen Türrahmen, Vorhängen, SUVs, neuen Handy-Verträgen, Wickeltischen, Liebe, Sauberkeit und Ordnung. Nestbau ist eine hormonell gesteuerte Tätigkeit, der man sich nicht entziehen kann oder sollte. Warum auch? Danach ist ja aufgeräumt.

Der Mann in Grau versucht sich krampfartig bunt und lässig zu geben. Er möchte nach eigenen Worten nicht unser Versicherungs-Makler, sondern unser Freund sein. Wir kotzen ihm auf den hässlichen Anzug. Unsichtbar. Nach 60 Minuten hat er mein Leben in Schutt und Asche geredet. Alles, was ich mir aufzubauen verpasst habe, alles, was ich zu sparen vergessen habe, die ganze fehlende Zukunftssicherung und der ganze Punkrock liegen vor uns auf dem Esstisch. Plötzlich wird mir klar, was mir im Leben fehlt: alles!

Ich habe keinen regelmäßigen Job. Ich habe eine Hausratversicherung für eine Wohnung, in der ich nicht wohne, weil ich bei Lili wohne, in einer Wohnung, deren Hausrat nicht versichert ist. Ich habe keine Glasbruchversicherung, obwohl ich andauernd aus Gläsern trinke. Meine Fahrradversicherung besteht darin, es nachts zum Schlafen mit ins Bett zu nehmen. Sollte mich ein Hund totbeißen und ihm dabei ein Zahn abbrechen, bekäme ich zwei Jahre ohne Bewährung und er alle meine Gitarren. Und würde eine zerstörungswütige Killermöwe mit voller Wucht 120 Gramm schwersten Kot aus ihrem verstopfungsgeplagten Hintern auf mein 23 Jahre altes und völlig wertloses Auto krachen lassen, ich müsste für die Fahrt in die Waschanlage selber aufkommen. Von Folgeschäden ganz zu schweigen! Ich habe als Journalisten-Autoren-DJ-Musiker-Moderatoren-Tanzbär nicht nur keinen definierbaren Beruf, sondern bin auch nicht gegen die Schäden versichert, die entstehen, wenn ich diesen Blödsinn irgendwann mal nicht mehr machen kann. Welchen Blödsinn davon auch immer.

Ich erfahre auch, dass es möglich ist, sein Kind gegen Dinge zu versichern, für die es laut Gesetz gar nicht haftbar gemacht werden kann, weil es noch ein Kind ist. Nachbarschaftsfriedenversicherung nennt sich so etwas. Und das gibt es wirklich. Und das braucht man auch. Jeder braucht das!

Schade, dass ich keine Rechtsschutzversicherung habe. Dann könnte ich die graue Laus, die uns gerade Holzwürmer in die Essecke setzt, auf Schadensersatz für sinnlos vertane Zeit und vorsätzliche Verunsicherung verklagen. Dieser Mann zerreißt hier gerade mein provisorisch zusammengeflicktes Leben in kleine Dramen und lässt mich am Ende mit der Information zurück, dass mir mit meiner kürzlich von der BfA errechneten Rente von 79,63 Euro nach Beendigung meines Arbeitslebens eine Folgelebenserwartung von elf Tagen bleibt.

Die Woche der Euphorie ist zu Ende. Tot. Ertränkt in einer leeren Kanne voller Gastfreundschaft und ehemaligem Filterkaffee. Gestorben worden von einem graugetäfelten Versicherungshai.

Was bleibt, sind Versorgungsängste. Was, wenn mein Kind bei *Germany's Next Topmodel* nur Zweite wird? Was, wenn sie ihr Atomphysikstudium mit 1,0 abschließt und dann die Kernkraft abgeschafft wird? Was will sie dann anstellen mit Ihrer Zukunft?

Und vor allem: mit MEINER?

RENTENGLÜCK

Vor lauter Zukunftsangst kaufe ich ein Los der Aktion Mensch. Die unwahrscheinliche Wahrscheinlichkeit, dass ich hier eine Rente gewinne, ist höher, als sie auf natürlichem Wege zu bekommen. So gut rechnen kann ich schon. Ornella ist zu Besuch. Wir reden über Pebbles und Bamm-Bamm. Das heißt, ich rede über Pebbles und Bamm-Bamm. Das, worüber Ornella und Lili reden, hat noch keinen Namen. Auf jeden Fall aber wird es nicht »Pebbles« und vor allem nicht »Bamm-Bamm« heißen.

Ornella braucht ein wenig Bargeld. Sie hat keins dabei und will auf dem Rückweg noch etwas einkaufen. Ich biete ihr 50 Euro an. Sie will nur 20. Ich bitte sie, daran zu denken, dass ich es ihr geliehen habe. Nicht, weil ich geizig bin. 20 Euro unter Freunden sind mir egal. Aber weil ich mir so etwas nicht merken kann. Dabei macht mein Gehirn keinen Unterschied, ob ich Geld ge- oder verliehen habe. Es löscht die Information einfach. Ornella hat ein sehr schönes Gehirn. Sie vergisst selten. Sie wird nicht irgendwann aufwachen und vergessen haben, dass sie sich 20 Euro geliehen hat. Oder dass sie nicht möchte, dass ihr eventueller Sohn »Bamm-Bamm« heißt. Sie nimmt das Geld und trägt es mit meiner Erinnerung daran, dass es jemals existierte, in den übernächsten EDEKA. Dort wird es für immer verschwinden.

Bis nächste Woche.

ANKERKLAUSE, KOTTBUSSER DAMM 104

Ich treffe mich mit Ornella zum späten Frühstück in der Ankerklause. Die Ankerklause war mal eine der wichtigsten Bars meines Lebens. Als ich vor zehn Jahren nach Berlin kam, fanden hier
einige große Momente meiner vierten Pubertät statt.

Einmal lernte ich in der Stadt ein Mädchen kennen. Helen. Wir
waren irgendwo und wollten beide in die Ankerklause. Also nahm
sie mich auf ihrem Roller mit. Einfach so. Ohne küssen. Ich saß
hinten, hielt mich an ihren Hüften fest und atmete Kreuzberg die
Luft weg. Ich inhalierte so tief, dass ich auf die doppelte Größe
anschwoll. Helen war das lässigste Mädchen der Stadt. Sie war
Kreuzberg. Sie kannte jeden, war schlau wie ein Fuchsbau, trank
wie ein Loch, rauchte aus allen Poren und war so sexy wie eine
betrunkene Ballkönigin mit einem Diadem in den Haaren und einem Revolver in der Hand. Sie war Helen Barkin, Tank Girl und
Christiane F. in einer Person, nur ohne das Heroin. Glaube ich jedenfalls. Und sie nahm mich auf ihrem Roller mit. Mich! Ich hätte
sterben können, wäre ich nicht so voller Leben gewesen. Sobald
wir in der Ankerklause ankamen, war ich nicht mehr wichtig. Ich
war nur noch ein Teil des Ganzen. Und genauso musste das auch
sein! Genauso machen das Kiezprinzessinnen, sonst wären sie
ja keine! Hätte sie den ganzen Abend mit mir am Tisch gesessen
und mich über mein unwichtiges Leben befragt, wäre ich nicht
glücklicher gewesen. Im Gegenteil! Helen schwankte über die
Reling, schwebte zwischen ihren Untertanen umher und hielt Hof.
Und ich war auf ihrem Mofa mitgefahren. Nur ich. Und jetzt waren
wir in der Ankerklause und kauften uns Weezer-Songs aus der
Jukebox.

Dreimal bin ich innerhalb Berlins umgezogen. Und immer lief
die Suche gleich: Immobilienscout 24 aufgerufen, Kottbusser
Damm 104 eingegeben und die Umkreissuche auf 1,8 km einge-

stellt. 1,8 Kilometer ist die Strecke, von der ich mir auch im aller-betrunkensten Zustand noch zutraue, sie zu Fuß nach Hause zu gehen. Alle anderen Wohnungen waren mir egal.

Heute gehe ich nur noch zum Frühstücken in den Anker. Und das auch nur selten. Zu selten. Das Leben ändert sich. Die Ankerklause vielleicht auch. Keine Ahnung. Wir haben uns lange nicht nachts gesehen. Die vierte Pubertät habe ich hinter mir. Und der Anker bestimmt schon seine zehnte. Uns beiden geht es gut. Und Lilis und meine Wohnung ist nur 1,4 Kilometer von der Ankerklause entfernt. Die Strecke kann man zur Not auch mal nüchtern gehen.

RENTENUNGLÜCK

Der Kaffeeduft mischt sich mit dem Straßenlärm, und es rauscht zufrieden in unseren Köpfen. Obwohl wir beide ordentlich schwanger sind, reden Ornella und ich über den Rest der Welt. Noch dreht sie sich ja auch um uns. Wir fassen die Woche zusammen: Die Ansagen beim Fettes-Brot-Konzert gestern waren gewohnt prollig. Nick ist immer noch eheanbahnungsfreudiger Single. Ornellas Fotos sind immer noch besser als ihre Bezahlung. Adriano tätowiert sich immer noch den Arm. Man sollte viel häufiger in der Ankerklause frühstücken. Meine Ellesse-Sneaker gibt's jetzt auch in Rot. Schulterpolster gehen gar nicht. Sie gingen schon in den 80ern nicht. Ich gucke den Kottbusser Damm hinunter und fühle mich wie in Paris. Ich erzähle Ornella nichts von meinem Paris-Gefühl. Leute, die den Kottbusser Damm mit Paris assoziieren, werden von ihren Freunden gerne zur Therapie geschickt. Da will ich aber heute nicht hin. Ich will lieber frühstücken. Ich nehme das mexikanische: Tortilla gefüllt mit Rührei, Kartoffeln, Cheddar & Jalapeños, dazu Salsa, Bohnenmus & Avocadocreme für schlappe sieben Euro. Das nehme ich immer. Ich nehme eigentlich in jedem Restaurant immer das Gleiche. Immer das, was ich bei meinem ersten Besuch auch schon hatte. Um das Gericht zu wechseln, wechsle ich das Restaurant. Statt in meinem Lieblingsrestaurant einfach einmal alle 25 Gerichte auszuprobieren, gehe ich lieber in 25 verschiedene Restaurants und esse in jedem immer das, was sich schon mal bewährt hat. Da habe ich meine Gewohnheiten. Wer von Natur aus ruhelos, verantwortungsarm und erinnerungsschwach ist, braucht an vielen Stellen im Leben ein starres Korsett, das ihm Halt gibt und ihm als handelndem Irren ein Gefühl von Sicherheit vermittelt. Ich brauche das. In meinem Lieblingsrestaurant in der Oranienstraße haben sie vor einigen Jahren mein Gericht von der Karte genommen. Ich bin nie wieder dort gewesen. Was soll ich denn da essen? Heute gibt es dieses Restaurant nicht mehr. Es hat Pleite gemacht. Selber schuld!

Ornella erzählt, dass ein Facebook-Freund von Facebook-Freunden gerade eventuell in Berlin gesichtet wurde, obwohl er eigentlich schon seit Jahren in Amerika lebt. Jetzt gibt es diesbezüglich Unruhe im Netz.

»Sollten die sich denn nicht eigentlich freuen? Statt unruhig zu sein?«

»Nein. Das ist komplizierter. Der weiß nämlich gar nicht, dass er mit denen befreundet ist. Und er weiß vor allem nicht, dass er bei Facebook ist.«

»Muss ich das verstehen?«

Ornella erklärt. Zwei Bekannte von ihr haben zu Schulzeiten einen Freund namens Bobby gehabt. Zusammen sind sie das »Trio Infernal« gewesen, beste Freunde für immer und ewig. Leider haben sie sich nach der Schulzeit irgendwie aus den Augen verloren, und als sie sich dann nach Jahren endlich wiedersehen, ist Bobby plötzlich bescheuert geworden. Ein Idiotenspast, ein Supervollidiot, ein Hirni. Nie wieder wollen sie etwas mit ihm zu tun haben. Und so ist es Fügung vom Feinsten, dass Bobby plötzlich in die Vereinigten Staaten von Amerika verzieht. Weg ist er. Sofort beschließen die beiden Freunde, ihren alten Kumpel von damals zu reanimieren und in altem Glanze aus dem sozialen Grab zu hieven. Da keiner von ihnen Dr. Frankenstein ist, greifen sie auf eine simplere und zeitgemäßere Methode der Wiederbelebung zurück: Sie richten ihm ein Facebook-Profil ein. Unter seinem alten Spitznamen. Und plötzlich ist Bobby wieder da. Und ganz der Alte! Was Bobby in den USA so erlebt und ansonsten so von sich gibt, bestimmen die beiden jetzt selbst. Und plötzlich hat der neue-alte, nette Bobby auch wieder Freunde. Facebook-Freunde, aber immerhin. Selbst alte Bekannte finden den ansonsten so internetfeindlichen Bobby jetzt im Netz wieder, adden ihn und wundern sich, wie lässig er wieder geworden ist. Alles läuft super. Bis zu dem Tag, an dem jemand glaubt, ihn in Berlin gesichtet zu haben. Und das, obwohl er sich seinen eigenen Postings zufolge nach wie vor in den USA aufhält.

Das war gestern.

»Und was haben die jetzt vor?«

»Wenn der Berliner Bobby nicht echt und nur ein Doppelgänger war, dann gibt es jetzt einfach drei Bobbys.«

»Bobby 3.0. Und wenn es doch der echte Bobby war??«

»Dann soll es eine Internet-Beerdigung geben.«

»Eine was?«

»Eine Internet-Beerdigung. Ein Online-Begräbnis.«

»Was bitte ist denn eine Internet-Beerdigung?«

»Keine Ahnung. Sag ich dir hinterher, falls ich eine Einladung kriege.«

Wir bestellen getrennte Rechnungen. Ornella drückt mir 20 Euro in die Hand. Ich habe keine Ahnung, warum.

»Soll ich für dich mitbezahlen?«

»Nein. Das ist dein Geld.«

»Nee. Mein Geld ist in meiner Hosentasche.«

»Das hast du mir doch die Tage geliehen.«

»Wann?«

»Als ich bei euch war.«

»Ich kann mich nicht daran erinnern, dir jemals Geld geliehen zu haben.«

»Ich weiß. Das vergisst du jedes Mal. Ich hatte schon überlegt, ob ich dir ein Konto einrichte und das Geld immer dorthin überweise. Quasi als heimliches Sparbuch.«

Und das war sie plötzlich: Die Lösung aller meiner Probleme! Ein geheimes Sparbuch, auf das alle Menschen das Geld überweisen, das ich ihnen leihe. Meine Rente. Meine Altersvorsorge. Ein Geldsack voller Blödheit und klimpernder Vergesslichkeiten. Ich werde reich, weil ich dumm bin. Ich dumme mich reich. Und Ornella verwaltet das Konto, als meine persönliche Rentenkassiererin. Meine Altersvorsorgerin. Aber bin ich wirklich blöd genug für dieses Glück? Bin ich wirklich vergesslich genug, mich nicht daran zu erinnern, dass ich mich selbst verarsche? Zu vergessen, dass ich Geld verleihe, ist die eine Sache. Aber zu vergessen, dass es dieses Konto gibt, ist schon ein größeres Ding.

Hmm. Einige Sekunden lang hielt Ornella meine Zukunft in ihren Händen. Doch schon rinnt sie ihr wie trockener Sand zwischen den Fingern hindurch auf den Kottbusser Damm. Die Idee war gut. Aber sooo blöd bin wahrscheinlich nicht mal ich.

Ein paar Tage später erzählt mir Ornella, was eine Internet-Beerdigung ist. Immerhin das habe ich standesgemäß wieder vergessen.

ZWEI FÜRS PROTOKOLL

Ich benutze gerne die Formulierung »Wir sind schwanger«. Und schlimmer noch: Ich kürze den langen Gedanken, dass ich mich in einer Beziehung mit einer Frau befinde, die demnächst ein Baby bekommt, gerne mit den Worten ab: »Ich bin schwanger«.

Nur fürs Protokoll: Ich weiß, dass ich nicht schwanger bin. Ich bin nur Teil einer schwangeren Situation. Ich habe keine Vagina, kein bemerkenswertes Leben in mir und werde auch nichts gebären, was irgendjemand außer mir gerne sehen möchte. Ich werde keine Wehen, keine Schmerzen und, wenn alles gut läuft, auch keinen Dammriss haben. Ich bin nur der Freund einer Frau, die ein Kind bekommt.

Aber es ist doch so: Wenn zwei Leute aus einer gemeinsamen Wohnung aus- und in eine andere gemeinsame Wohnung einziehen, dann ziehen beide um. Selbst wenn nur einer von beiden die Kisten packt, beim Umzugsunternehmen anruft und beim Einladen hilft. Selbst wenn einer der beiden Umzieher während des kompletten Umzugs Urlaub auf den kanarischen Inseln macht, zieht er doch um.

Wenn zwei Leute in einem Auto sitzen, um in Urlaub zu fahren, und nur einer den Wagen fährt, fahren doch beide in Urlaub.

Wenn zwei Leute essen gehen, aber nur einer von beiden etwas isst, wird trotzdem auch der, der nichts gegessen hat, am nächsten Tag auf die Frage, was er am Abend davor gemacht hat, antworten: »Ich war mit Günther essen«.

Und wenn jemand zum Boxen geht, wird er sich in 99 % der Fälle nicht selber prügeln.

Laut Wikipedia ist die Schwangerschaft der Zeitraum, in dem eine befruchtete Eizelle im Körper einer werdenden Mutter zu einem Kind heranreift. Und in genau dieser Zeit und in diesem Raum befinde auch ich mich! Die Schwangerschaft ist kein Zustand, sondern ein Umstand. Eine spezielle Situation. Ein Zeitraum.

Also noch mal fürs Protokoll:

Ich bin Yessica Yeti. Paarundvierzig Jahre alt. Ehemaliger Gitarrist der Punkrockband Yeti Girls. Die keine Musik mehr macht, sich aber nie aufgelöst hat. Ich bin Musikjournalist. Hobby-Gynäkologe in Pension. Verliebt in Lili. Und bald Vater von irgendjemandem. Und der einzige Umstand, der dazu führen wird, dass ich genau das bald sein werde, ist der, das ich jetzt und hier und an jeder Stelle meines Seins verdammt noch mal so was, aber wirklich SO WAS von schwanger bin, wie es überhaupt nur geht.

Und Lili natürlich auch.

SCHOKOLADE

Lili steht mit schokoladeverschmiertem Gesicht vor dem Spiegel. Es riecht nach Nutella, Flüssigseife und Depression. Ich liebe Lili. An jedem Tag. Und ich finde sie wunderschön. Immer und ununterbrochen. Leider entzieht sie sich meiner Begeisterung für sie genauso wie einfacher Logik. Denn es ist, wie es ist: Wer schwanger ist, nimmt zu. Und wer Schokolade liebt, wird von ihr bestraft.

Schokolade ist ein Schwein. Sie lässt sich lieben und lieben und lieben und stellt dich dann plötzlich irgendwann nackt vor einen Spiegel. Dann bist du 20 Jahre älter und 20 Kilo dicker. Und SIE ist immer noch süß.

Lili helfen weder meine nervenden Vergleiche noch aufrichtige Komplimente aus ihrem hormongemachten Tief heraus. Selbst knallharte Schwangerschaftsliteratur, in der die Models auch alle paar Seiten etwas dicker werden, kann sie nicht trösten. Und dabei ist sie gar nicht dick, noch ungefähr vier Wochen lang nicht. Aber die Sache ist aussichtslos wie ein Kellerloch. Einen Krieg gegen Satan kann man gewinnen. In der Schlacht gegen Hormone kann man nur täglich kapitulieren.

Abends gehe ich zu einem Konzert. Die Bassistin der Vorband ist hübsch. Sie sieht Lili ähnlich. Eine Lili, die Bass spielt – ein schönes Bild. Sehr sexy. Aber irgendwas an der Vorband-Lili stimmt nicht. Sie könnte noch besser aussehen. Ich versuche herauszubekommen, woran es ihr mangelt. Im Club zwischen den Gästen stehen Pfeiler und versperren einem die Sicht. Alle zwei Minuten muss man sich aufs Neue entscheiden, ob man den Sänger und die Bassistin sehen möchte oder den Gitarristen und den Schlagzeuger. Ich will am liebsten alle sehen und versuche mit der Perspektive zu tricksen. Nach einigem Hin- und Hergewackel schaffe ich es, Gitarre und Bass komplett und den Drummer immerhin zu 60 % ins Bild zu bekommen. Auf den Sänger verzichte ich. Schließlich starren ihn gerade 300 andere Gäste an, da sollte er nicht allzu sauer auf mich sein. Selbst das sensible Egomanen-Herz eines sich wie ein besoffener Pfau aufplusternden Indie-Rock-Helden muss das mal ertragen können. Heute Nacht im Hotel darf er dafür mit einem Mädchen schlafen, während der Schlagzeuger immer noch im Club rumlungert und den Leuten erzählt, dass er auch von der Band ist und man ihn nur nicht erkennt, weil er auf der Bühne immer ganz hinten sitzen muss, und das auch noch hinter einem Schlagzeug, und er deshalb nie zu sehen ist. Die Bassistin geht natürlich alleine ins Hotel. Die ist anständig! Die füttert ihr Ego mit der tollen Musik, die sie macht. Das reicht ihr. Dieses Rumgebumse führt doch immer nur zu kurzfristigem Wohlbefinden. Da unterhält man sich doch lieber mal mit ein paar Leuten, philosophiert etwas oder redet über Bassverstärker. Vielleicht läuft später im Hotel auf dem Pay-TV-Kanal noch *Ein Schweinchen namens Babe*. Das ist doch ein süßer Film. Mit ein bisschen was zu kiffen und einer leckeren Mini-Bar sind das doch tolle Aussichten. Und an *Ein Schweinchen namens Babe* erinnert man sich in 20 Jahren noch. Da hat man das ganze Leben was von. Den Namen von dem Mädchen, mit dem der Sänger nachher schläft, weiß er doch jetzt schon nicht mehr. Beziehungsweise noch nicht. Und dann gleich wieder nicht mehr.

Plötzlich sieht die Bassistin auf der Bühne noch besser aus als vor zehn Minuten. Wie geht das? Was hat sie gemacht? Hat sie sich hinter dem Pfeiler umgezogen? Ich bin irritiert und beobachte sie genau. Plötzlich sehe ich es. Sie steht seitlich auf der Bühne, das Gesicht der Band zugewandt. Und ihr Bauch und der Bass sind durch den Pfeiler verdeckt. Das reicht meiner Fantasie offenbar aus, um ihr hinter dem Pfeiler einen winzigen Schwangerschaftsbauch zu verpassen. Das macht sie von ganz alleine, meine Fantasie. Was für ein schlaues Hühnchen sie ist! Jetzt fehlt der süßen Bassistin nichts mehr zu meinem Glück.

Da ich Freud gelesen und alle Filme von Woody Allen gesehen habe, weiß ich natürlich, was hier läuft. Hier ist Liebe im Raum. Und zwar im falschen! Ab nach Hause, heißt das!

Ich renne durch den Görlitzer Park. Obwohl ich weiß, dass hier nachts böse Menschen rumlungern, die mir mein Geld klauen und mich verhauen wollen, mache ich zum ersten Mal in meinem Leben nicht den Umweg außen rum. Ich habe Glück. Niemand verhaut mich. Und das Geld ist mir vom schnellen Laufen schon vorm Görlitzer Park aus der Hosentasche gefallen. In meiner Fantasie fange ich Lili noch zwei Eichhörnchen als Geschenk, lasse sie aber schnell wieder frei, als mir einfällt, dass Lili Nagetiere hasst. Da macht sie auch bei *Ratatouille* und *Bernard und Bianca* keine Ausnahme. Also sind lebende Eichhörnchen bestimmt auch nicht das Richtige für sie. Ob unser Kind jemals die *Sendung mit der Maus* wird sehen dürfen? Gut, dass das Schweinchen namens Babe kein Nagetier ist. Ein Leben ohne Schweinchen Babe, das wäre schon ganz schön doof.

Lili freut sich, dass ich früher nach Hause komme. Sie ist ganz ausgelassen und quietscht teilweise vor Freude. Irgendetwas ist hier passiert. Wenn ich es nicht besser wüsste, würde ich meinen, sie hätte Alkohol getrunken.

»Hast du?«

»Hab ich nicht.«

Sie quietscht weiter. Entweder hat sie von einer Minute auf die andere zehn Kilo abgenommen, oder in der Schokolade war irgendwas drin.

»War irgendetwas in der Schokolade?«

»Hier gibt's keine Schokolade.«

Ich ziehe mich aus und sehe dabei zu, wie sie dasselbe tut. Ich falte heimlich meine Hände und danke irgendjemandem im Uni-

versum dafür, dass ich ihr dabei zusehen darf. Dann wasche ich
mir die Finger.

Lili freut sich, als sie mich nackt vor dem Waschbecken stehen
sieht. Dann hält sie mir strahlend das Milupa-Band vor die Nase.
Das Milupa-Band ist ein Maßband von Milupa, das über irgendeine Baby-Werbe-Geschenkkiste in unseren Hausrat gelangt ist.
Es ist aus Stoff und breit wie ein Lineal, und und wir wissen nicht,
ob man damit später die Größe des Babys oder jetzt den Bauchumfang der trächtigen Mutter misst. Ornella und ich hatten es vor
ein paar Tagen mal benutzt, um ihren Bauchumfang zu messen.
Und meinen. Und jetzt wackelt es hier vor meiner Nase hin und
her und löst offenbar genau dadurch bei Lili eine anti-deprimie-
rende Reaktion aus.

»Wie war das Konzert?«

»Gut.«

»Schön.«

»Bei dir auch alles gut?

»Ja.«

»Schön.«

Das Milupa-Band wackelt weiter. Lili grinst mittlerweile so sehr,
dass ich kurz überlege, ihr unsere elektrischen Zahnbürsten in
die Mundwinkel zu hängen. Dann wird sie konkreter.

»Ich habe gehört, du hast du selben Bauchumfang wie Ornella.«

Fuck! »Hab ich nicht.«

»Hast du doch.«

»Hab ich nicht.«

»Hast du doch.«

»Ornella ist im vierten Monat schwanger.«

»Genau! Und dein Bauch genauso dick wie ihrer. Holla!«

»Holla?«

»Ja. Holla!«

Ich kann aufrichtig behaupten, dass ich Lili so sehr mag, dass es mir lieber ist, wenn ich schlechte Laune habe, als wenn sie welche hat. Sie kann das größere Stück Fisch haben, den besseren Platz im Kino, den größeren Kaffee, den schöneren Platz im Restaurant, die Fernbedienung, den Regenschirm und das größere Stück Bettdecke und meinetwegen eben auch die bessere Laune. Und dass Ornella ihr gesagt hat, dass mein Bauch genauso dick ist wie ihrer (statt der Wahrheit, nämlich, dass meiner locker zwei Zentimeter dicker ist), rechne ich ihr hoch an. Aber dass meine Freundin mich nackt vor dem Spiegel stehen sieht und gute Laune davon bekommt, dass ich so dick bin, statt davon, dass ich so sexy bin, das ist doch hart.

Na ja. Hätte ich aber auch selber drauf kommen können. Hätte ja nur mal in den Spiegel gucken müssen. Wo ich eh grad davor stehe!

BABYFERNSEHEN, DIE DRITTE

Unser Baby hat Schamlippen. Sagt die Frauenärztin. Sie hätte auch sagen können: »Herzlichen Glückwunsch, Sie bekommen ein Mädchen.« Hat sie aber nicht. Also hat unser Baby jetzt Schamlippen. Ich mag Schamlippen. Ich finde, alle Frauen sollten Schamlippen haben. Wahrscheinlich tun sie das sogar. Dass unser Baby jetzt auch welche hat, gefällt mir gut. Und es schränkt die Spekulationsmöglichkeiten über sein Geschlecht natürlich ordentlich ein. Auch die Ärztin nimmt das Detail zum Anlass, sich festzulegen.

»Sie bekommen ein Mädchen.«

Endlich sagt sie es. Ich freue mich doof. Lili dagegen ist nicht so leicht zu überzeugen.

»Wo sieht man denn da Schamlippen?«

Die Ärztin markiert drei Punkte auf dem Monitor, die wir im Geiste zu einem Dreieck verbinden sollen. Im Inneren des Dreiecks befinden sich die Schamlippen. Sagt sie.

Lili sieht nichts. Außer einer Walnuss.

»Ich sehe eine Walnuss.«

»Was siehst du?«

»Ich sehe eine Walnuss.«

Und während ich mir die Walnuss so ansehe, fällt mir auf, dass ich schon oft gedacht habe, dass eine Walnuss – wenn sie aus der Schale genommen wurde – ein wenig aussieht wie eine Vagina. So, wie ich bei Litschis immer denke, dass sie wie Eicheln aussehen. Also, wie Peniseicheln. Und dass sie sich auch ganz ähnlich anfühlen. Also, wenn Frau Doktor da jetzt Schamlippen sieht und Lili eine Walnuss, sieht Lili immerhin etwas, das mich an Schamlippen erinnert. Und das ist ja fast dasselbe wie selber Schamlippen sehen. Juhu! Wir bekommen ein Mädchen!

Ich wollte ein Mädchen, und ich bekomme ein Mädchen. Ich raste der Situation angemessen aus. Mein Leben läuft perfekt. Ich weiß nicht, wem genau ich etwas Gutes getan habe, aber jetzt bekomme ich alles wieder zurück. Lili wollte auch ein Mädchen, und jetzt bekommt sie eins. Sie braucht aber noch zwei Minuten, bis sie ausrastet. Sie ist generell etwas kritischer und nicht so leichtgläubig und zutraulich wie ich. Eine promovierte Fachärztin mit jahrelanger Praxiserfahrung kann einem ja alles Mögliche erzählen. Da müssen schon ein paar Fakten her! Mit Walnüssen kann man ihr da nicht kommen. Die Ärztin kontert gelassen und stellt das Babyfernsehen auf 3D-Modus um. Woooosch. Und Wow! 3D-Babyfernsehen ist so überwältigend wie gruselig. Bei Lili und mir überwiegt das Gruseln. Deshalb hatten wir auf diese Form des Zusammenseins bislang immer verzichtet. Aber wer Schamlippen sehen will, der muss schon etwas dafür tun. Das ist in der Gynäkologie nicht anders als beim Daten. Unser Mädchen gruselt sich vor nichts und winkt fröhlich mit den Füßen. Ich winke zurück. Die Mädchen suchen Schamlippen. Nochmals grenzen sie einen kleinen Bereich mit drei Punkten ein. Und nochmals bilden sie ein imaginäres Dreieck und durchsuchen dessen Inneres nach ... Da sind sie! Schamlippen! Zwei Stück!

Zum ersten Mal weint keiner von uns beim Gynäkologen. Stattdessen klatschen wir in die Hände und wedeln ungelenk vor unseren Oberkörpern hin und her. Wie Walrösser. Und ein wenig so, als hätten wir vorher zu Hause geübt. Sehr hysterisch, sehr flapperig und auf magische Art und Weise sehr ähnlich. Wir merken nicht, wie doof wir aussehen. Aber die Ärztin lacht uns aus. Das macht sie sonst nie.

Als wir die Praxis verlassen, bedanke ich mich überschwänglich bei Frau Doktor Untenrum und auch bei allen anderen Angestellten, die mir auf dem Weg nach draußen begegnen. Obwohl mir klar ist, dass sie nichts dafür können, dass unser Baby ein

Mädchen ist, habe ich das Gefühl, mich dafür bei ihnen bedanken zu müssen. Das haben sie toll gemacht! Ein Super-Team! Auch die Rothaarige am Drucker, die ich noch nie in meinem Leben gesehen habe. Toll, wie sie das macht mit dem Drucker. Und das ganze Termine-Buchen und Im-Kittel-Rumlaufen und so. Toll!

Vor der Tür beschließt Lili, heute keine Schuhe kaufen gehen zu wollen. Sie will lieber in den Wald. Spazieren gehen. Den Augenblick genießen. Realisieren, was hier eben passiert ist. Es heißt ja immer, das Leben sei kein Wunschkonzert, aber wir bekommen gerade eins gespielt. Und das muss man auch mal an sich ranlassen. Nicht immer nur weitermachen, sondern auch mal stehen bleiben, genießen und Danke sagen. Leider sind morgendliche Waldspaziergänge in unseren Arbeitsverträgen nicht vorgesehen. Sie sind nicht Teil unserer Job-Descriptions, und unsere Firmen haben beide das Gefühl, dass es sie nicht weiterbringt, wenn wir morgens im Wald spazieren gehen. Also küssen wir uns auf den Mund, drücken uns fest und verabreden uns für abends auf der Couch.

Im Büro lege ich das Ultraschallbild von unserem Mädchen auf den Scanner. Das steht zwar auch nicht in meiner Job-Description, ist mir aber egal. Die können froh sein, dass ich jetzt nicht im Wald bin. Oder betrunken.

Oder Schuhe kaufen.

GESUNDE ERNÄHRUNG

Wer Verantwortung übernehmen will, ist gut beraten, bei seinem eigenen Körper anzufangen. Denn diese Dinger halten nicht ewig! So war es mir ein Fest der Freude, heute in einem netten Gespräch als Lilis Beifahrer zu erfahren, wie entschieden diese Frau in Fragen der gesunden Ernährung gegen sich selbst und ihre Gelüste angeht. Damit ist sie nicht nur mir, sondern allen Menschen mit gelegentlichen Schwächen ein ganz und gar uneitles und strahlendes Vorbild. Und es scheint auch gar nicht so schwer zu sein:

»Heute habe ich mich richtig gut ernährt. Außer einem Duplo, einem Milky Way und einem Stück Kuchen habe ich nur gesunde Sachen gegessen.«

Nicht schlecht! Ich glaube, das versuche ich auch mal.

FOREIGNER

Das Musikmagazin, für das ich arbeite, heißt *unclesally*s*. Es ist das unbekannteste bekannte Musikmagazin der Welt. Wenn man die Teenie-Presse mal außen vorlässt, ist das *unclesally*s* das auflagenstärkste Musikmagazin der Republik. Nicht das rockende *Visions*, nicht der rollende *Stone* und vor allem nicht die *Spex*. Es ist das »Sally's«. Und trotzdem trifft man immer wieder Menschen, die es nicht kennen. Also machen wir es Monat für Monat besser und besser und besser. Das ist der Job. Bands interviewen. Artikel schreiben. Möglichst nicht dieselben Fragen stellen, die alle anderen schon 500-mal gestellt haben. Und dann am Ende so für die Leser schreiben, dass sie einen verstehen und merken, dass man eine Lebenswelt teilt. Und die Musik liebt! Um so etwas zu produzieren, braucht man Leute mit wahnsinniger Energie, endlosem Herzblut und wenig Interesse an Geld. Denn das *unclesally*s* ist umsonst. Es kostet nichts. Es ist gut, häufig sogar besser, aber es kostet keinen Cent. Um mit wenig Geld viel zu machen, muss jeder, der an einem Projekt arbeitet, möglichst alle Fähigkeiten einbringen, die er besitzt. Wer also mehr kann als nur schreiben, bringt das, was er mehr kann, auch mit ein. Und so ist der stellvertretende Chefredakteur auch der Vertriebschef. Die Chefredakteurin auch die Chefin vom Layout. Der Moderedakteur auch Teil der Marketingabteilung. Jeder macht alles, was er kann. Und ich fahre jetzt zu Media Markt und kaufe Monitore, weil der lustige Kolumnist auch der System-Administrator ist.

Jeder Streichelzoo dieser Erde hat mehr Ahnung von Computern als die gesamte *unclesally*s*-Redaktion zusammen. Ich bin da keine Ausnahme. Aber weil ich als Einziger weiß, wie man einen Computer einschaltet und dass man kein Bier hineinschütten darf, bin ich der Scotty im Maschinenraum der Redaktion. Ich bin der Einäugige unter den Blinden und damit der Präsident von allem, was pixelt und mailt.

Da in dieser Redaktion das einzige Kriterium beim Kauf eines Monitors der Preis ist, könnte ich theoretisch auch jeden anderen zu Media Markt schicken und einfach den billigsten kaufen lassen. Aber wir reden hier von Menschen, die gerade mal so weit sind, dass sie ihre E-Mails nicht mehr zur Post bringen. Aber dafür ständig versehentlich Mails an sich selbst schicken und sie dann auch noch ausführlich beantworten. Hier wird mit Floppy Discs gearbeitet, die wir aus dem PC-Museum gestohlen haben. Und ich glaube, die meisten hier gehen davon aus, dass sich ihr Computer im Inneren des Monitors befindet. Und dass das riesige Ding unter ihrem Schreibtisch zur Belüftung ihrer Beine gedacht, aber kaputt ist.

Würde ein *unclesally*s-Mitarbeiter-Team gewaltsam und bewaffnet in ein großes Versicherungsgebäude oder eine andere Redaktion eindringen, um dort alle Daten zu zerstören – es würde genau wie jeder doofe 80er-Jahre-Gangster – immer schön auf die Monitore ballern und dabei ungefähr so viele Daten zerstören, als hätten sie einfach nur unten geklingelt. Also fahre ich jetzt zu Media Markt. Und kaufe Monitore.

Bei Media Markt läuft Foreigner. Foreigner ist eine Hardrock-Band aus den 80ern, deren Musik man damals irgendwie gut fand – ohne dass man heute einem 20-Jährigen erklären könnte, warum. Ich singe bei »Juke Box Hero« mutig mit, kaufe zwei Monitore und fahre zurück in die Redaktion. Eine Monitoraufbau-Mitarbeiterschulung für die beiden betreffenden Kollegen erspare ich mir. Schließlich ist Strom im Spiel, und wir sind eh schon so wenige Leute.

Während ich einer Kollegin gut zurede und ihr fortwährend garantiere, dass ihre gespeicherten Dokumente bei dem Vorgang des Monitoraustauschs keinen Schaden nehmen werden, spricht mich ein anderer Kollege an.

»Du hast auf einer Baustelle geparkt.«

»Auf was für einer Baustelle?«

»Auf der vor unserer Tür.«

»Wo ist denn da eine Baustelle?«

»Vor unserer Tür.«

Als ich draußen nachsehe, stelle ich fest, dass mein Kollege untertrieben hat. Noch NIE hat ein Mensch SO SEHR auf einer Baustelle geparkt wie ich. Der mit der Schaufel über meinem Auto agierende Baggerfahrer bleibt gelassen. Ihm ist mein Auto egal. Mir war seine Baustelle ja auch egal, als ich in ihr eingeparkt habe. Ich versuche mich möglichst wenig damit zu beschäftigen, wie mir das passieren konnte. Mit Dummheit alleine lässt sich so etwas nicht erklären. Und für einen ärztlichen Notfall, der ich wahrscheinlich bin, habe ich gerade zu viel zu tun. Während ich Anlauf nehme, um meinen Wagen aus dem Schutt zu befreien, winkt mir der Baggerfahrer freundlich zu. Vielleicht macht er sich aber auch über mich lustig. Eher das. Aus dem Führerhaus läuft Musik in die Adalbertstraße: Foreigner. Ich singe bei »Urgent« beschämt mit und suche mir schnell einen unspektakuläreren Parkplatz.

Was wollen eigentlich Foreigner von mir? Da stimmt doch was nicht. Sollen das Zeichen sein? Hat das irgendwas mit dem Baby zu tun? Will Allah Kontakt zu mir aufnehmen? Soll ich mein Mädchen etwa »Foreigner« nennen? Das ist doch kein Name! Ich geh zurück ins Büro und gucke bei Wikipedia nach, wie die Typen von Foreigner hießen. Lou, Ed, Ian, Mick, Dennis & Al. Was soll das? Ich kann mein Kind doch nicht Al nennen. Aber Elle vielleicht? Oder Lou? Lou geht auch für Mädchen. Aber so richtig gut ist das auch nicht. Ich verstehe Gott nicht. Und warum schickt er mir keine E-Mail statt so doofer Zeichen?

Ich beschließe den Foreigner-Fall als Zufall ad acta zu legen und fahre zum Ostbahnhof einkaufen.

Im Ostbahnhof geht man einkaufen, wenn man keine Zeit hat einzukaufen. Die Öffnungszeiten im Ostbahnhof sind konsumentenfreundlich und mitarbeiterfeindlich. Der Lidl dort hat montags bis sonntags von 8.00 Uhr bis 22.00 Uhr geöffnet, der Rewe sogar montags bis sonntags von 7.00 Uhr bis 24.00 Uhr. Also eigentlich immer. Und wer dann immer noch nicht nach Hause will, kann für einen Euro pro Stunde auf dem Rewe-Parkplatz im Auto sitzen und frisch gekauften Kartoffelsalat aus der Plastik-Schale essen. Lecker! Da in Berlin alle immer irgendwo unterwegs sind und niemand Zeit hat einzukaufen, trifft sich die ganze Stadt also montags bis sonntags ab ca. 22.00 Uhr am Ostbahnhof. Das ist praktisch, kommunikationsfördernd und vor allem: immer bumsvoll. Da heißt es Schlange stehen und Ruhe bewahren. Da der Berliner soziokulturell nicht multitaskingfähig ist und einfach immer dahin geht, wo alle anderen auch hingehen, macht ihm Schlange stehen nichts aus. Das steht er sozusagen auf einer Arschbacke ab. Die neueste Ausstellung, die krasseste Bar, der schärfste Club: Da stellt man sich gerne mal an, um nicht irgendwo hingehen zu müssen, wo es vielleicht auch schön ist, aber am nächsten Tag niemand weiß, dass man dort gewesen ist oder, schlimmer noch, niemand die Location kennt.

Was den Ostbahnhof betrifft, hat irgendwie jeder verstanden, dass man hier einkaufen kann, wenn man nirgends mehr einkaufen kann. Aber komischerweise hat niemand verstanden, dass man hier auch einkaufen kann, wenn man überall einkaufen kann. Die Geschäfte im Ostbahnhof sind zwar um 21.00 Uhr noch geöffnet, aber sie öffnen nicht erst um 21.00 Uhr. Sie sind schon seit 7.00 Uhr morgens auf. Und so kommt es, dass niemand zu normalen Geschäftszeiten im Ostbahnhof einkaufen geht. Am Nachmittag ist es hier so leer wie in der Mon-Cherie-

184

Fabrik im Juli. Und jetzt komme ich! Ich nutze die innere Leere des Rewe-Supermarkts, um einem arbeitslosen Einkaufswagen eine Daseinsberechtigung zu geben. Ruck, zuck einladen, umladen und zu Hause wieder ausladen. Und während ich mich beim Wiederbefüllen des Kühlschranks noch darüber freue, dass die Sonderangebote im Kühlregal heute offenbar nur für mich dort hinein gelegt wurden, geht mir ein Lied nicht mehr aus dem Kopf: »Cold as Ice« von Foreigner. Scheiß-Ohrwurm. Ich habe ihn mir in der Getränkeabteilung vom Rewe geholt. Ich stand vor einem Kasten Augustiner, da kroch er plötzlich aus der Hausanlage. Ich weiß nicht, ob er die Kaufenden unterhalten oder die Wartenden in der Schlange beruhigen sollte, mich aber beunruhigte er. Dreimal Foreigner an einem Tag. Das kann kein Zufall mehr sein! Das Rätsel, das mir hier präsentiert wird, scheint doch komplizierter zu sein, als ich annahm. Was heißt »Foreigner« eigentlich? Ausländer, oder? Aber ich bin kein Ausländer. Jedenfalls nicht hier, wo ich wohne. Und Lili hat auch nur einen deutschen Pass. Einen ganz hübschen sogar, nämlich mit einem Foto von ihr drin. Okay. Im Media Markt lief »Juke Box Hero«, als ich gerade etwas kaufte, was immerhin ein bisschen die Form einer Box hat und anschließend in einer Box durch die Stadt befördert wurde. Und als »Urgent« lief, musste ich dringend meinen Wagen aus der Parklücke fahren. Und »urgent« heißt doch dringend, oder? Jetzt räume ich meinen Kühlschrank ein und habe dabei »Cold as Ice« im Ohr.

Nachts kann ich nicht schlafen. In meinem Kopf dreht sich alles. Meine Sorgen trällern »I Want to Know What Love Is« vor sich hin. Foreigner. Was soll das heißen, »I Want to Know What Love Is«? Hat Lili mich betrogen? Weiß sie vielleicht gar nicht, was Liebe ist? Und was singt der Penner in dem Lied weiter? »... I want you to show me«. Singt er das? Soll ich Lili morgens um vier zeigen, was Liebe ist? Will sie mit mir schlafen? Jetzt? Um diese Zeit? Ist das wirklich die Lösung des Rätsels? Dass ich morgens um vier meine Freundin wecke, um über sie herzufallen? Na denn! Aber wenn ich jetzt WIRKLICH über sie herfallen würde, dann würde ich sie wohl kaum vorher wecken. Das ist ja Blödsinn. Das Besondere am Überjemandenherfallen ist doch, dass derjenige nicht damit rechnet. Aber ich kann doch jetzt auch nicht einfach über eine schlafende Frau herfallen, da komme ich doch ins Gefängnis. Und wenn nicht in ein echtes, dann zumindest in eins in meinem eigenen Kopf. Ich wecke sie also, um sie zu warnen, dass ich eventuell gleich über sie herfallen werde. Wenn sie will. Schon leidenschaftlich – aber mit Ankündigung. Kontrollierte, saubere und erwachsene Leidenschaft. Und dass Foreigner schuld sind, werde ich ihr auch sagen. Falls sie es doof findet, geweckt zu werden. Dann erkläre ich ihr, dass mir die Stadt den ganzen Tag lang Lieder von Foreigner vorgesungen hat und ich das für ein Zeichen halte. Ein Zeichen, das mir sagen will: Fall über deine Freundin her und zeig ihr, was Liebe ist!

Ich wecke Lili. Sie freut sich nicht. Sie ist auch nicht sauer. Sie wird gar nicht wach genug, um sauer zu sein. Aber sie scheint sich auf keinen Fall zu fragen, was Liebe ist. Und sie will sie auch nicht von mir gezeigt bekommen. Also lasse ich's.

Am nächsten Tag durchforste ich alle Suchmaschinen dieser Erde. Ich forste bei Bing. Ich zersuche Ecosia. Ich google mich doof und versuche es sogar bei Yahoo. Nach zwei Stunden bin ich Fachreferent in Sachen Foreigner. Ich kenne jedes Mitglied, jedes ehemalige Mitglied und kann bereits verlässliche Aussagen darüber treffen, wer in Zukunft noch bei Foreigner einsteigen wird. Niemand von Foreigner hatte Geburtstag. Niemand ist gestorben. Es gibt kein neues Album, sie sind nicht bei *Das Super-*

talent aufgetreten, und es ist keiner von ihnen von einer Palme erschlagen, mit einem Gummiboot gesunken oder beim Sex mit Paris im Hilton erwischt worden. Der einzige Grund, warum den ganzen Tag in allen Radios dieser Stadt Foreigner lief, ist, dass es jemand aufgelegt hat. Und dass es von diesem Jemand unfassbarerweise mehrere gab und die alle am selben Tag denselben doofen Wunsch nach Hardrock und Vergangenheitsbewältigung hatten. So gab es einen Foreigner-Day für mich. Zufällig. Und ohne weitere Botschaft. Fin.

Den einzigen Trost für meine Strapazen finde ich auf laut.de:

»Wer in seinem Leben noch nie über einen Foreigner-Song gestolpert ist, hat wahrscheinlich die meiste Zeit in einer Tonne oder in der Sahara gelebt.«

Gestolpert bin ich. Und das ordentlich. Und es waren nicht einer, sondern mindestens drei Foreigner-Songs. An einem Tag! Na ja – immerhin weiß ich jetzt, dass ich nicht in einer Tonne lebe. Und dass der Sand in meinen Schuhen nicht aus der Sahara ist.

Sondern wahrscheinlich von der Baustelle vorm Büro.

WO SCHLÄFT DAS BABY?

Eine Besonderheit am schwangeren Dasein ist, dass man plötzlich und ununterbrochen Fragen beantworten muss, von denen man vorher nicht mal ahnte, dass sie existieren. Es ist fast so, als wäre man ohne Koffer und ohne Geld auf den Candlemas-Inseln ausgesetzt worden und müsste alles noch mal zum ersten Mal tun. Eine der 25 wichtigsten Fragen, die man sich niemals stellt, wenn man nicht gerade ein Kind bekommt, ist: Wo schläft ein Baby? Warum sich auch so eine doofe Frage stellen? Babys schlafen in Betten. Das weiß doch jedes Kind. Aber die Wahrheit ist: Nicht jedes Kind weiß, wo es am besten schläft. In einem Kinderbett? In einem Jugendbett? Auf einer Matratze auf dem Fußboden, damit es nicht aus dem Bett fällt? Oder direkt in einem Erwachsenenbett oder einem Hochbett oder bei den Eltern am Fußende? Na? Was ist da gut, was ist da richtig? Und gibt es überhaupt ein Richtig?

Seit wir schwanger sind, habe ich ein neues Lieblingslied. Sobald ich meinen Wagen starte, meinen Computer hochfahre oder selbst eine Gitarre in die Hand nehme, hebt David Lee Roth zum Spagat ab, und Van Halen prophezeien mir: »And The Cradle Will Rock«! Ich wünsche mir für mein Baby also eine klassische, altmodische Babywiege. Am besten kitschig mit viel Bäh, kleinen Rädern zum Rumrollen und einem kleinen Himmel. Aber ist das noch zeitgemäß? Ist es natürlich nicht!

Die Babys des 20. Jahrhunderts schlafen im Bett ihrer Eltern. Die westliche Zivilisation ist die einzige auf der Erde, in der die Kinder in den letzten hundert Jahren nicht im Bett der Eltern geschlafen haben. Das Kinderbett haben WIR erfunden. Und zwar nicht, weil es gut für die Babys ist, sondern, weil es gut für die Eltern ist. Weil sie dann nachts schön sexen und Fernsehen gucken können. Oder beides gleichzeitig. Aber Fernsehen gucken kann man auch im Wohnzimmer. Und sexen auch. Also bringt die Forschung die Babys jetzt wieder dahin zurück, wo sie hingehören: zu Mama und Papa ins Bett.

»Aber wenn ich mich nachts im Schlaf auf das Baby rolle? Kann es dann nicht ersticken?«

Da hat Lili natürlich recht! Babys mögen es überhaupt nicht, wenn man auf ihnen herumrollt. Und wer zu unkontrolliertem Schlaf neigt und nicht in der Lage ist, seine Schlummergewohnheiten den neuen Gegebenheiten anzupassen, der sollte sein Kind auf gar keinen Fall nachts im eigenen Bett lagern. Also kommt das Baby jetzt zurück in die Wiege. Da wollte Papa es eh hinhaben!

»Aber dann muss ich ja nachts alle zwei Stunden aufstehen und das Baby aus der Wiege holen, wenn es Hunger hat.«

Da hat Lili natürlich recht! Babys kümmern sich nicht um die gesetzlichen Essenszeiten. Babys leben, was die Nahrungsmittelaufnahme angeht, in totaler Anarchie. Sie essen einfach, wann sie wollen. Verrückt und bewundernswert, diese kleinen Sauger! Und nicht nur das. Sie benutzen auch kein Besteck. Tischsitten sind ihnen total schnuppe. Sogar Tische sind ihnen schnuppe. Und trotzdem sind sie keine Barbaren. Sie essen nicht mit den Fingern. Denn was jedes Baby qua Geburt weiß: Der kürzeste Weg zwischen Essen und einem selbst ist der Mund. Sie gehen mit dem Mund einfach direkt an die Ware ran. Das ist fast noch genialer, als einfach immer dann zu essen, wenn man Hunger hat. Ich liebe Babys. Sie sind so klug!

Aber wie essen Babys nachts aus Brüsten, wenn sie nicht im Bett ihrer Eltern schlafen, ihre Mütter aber nicht aufstehen möchten? Da hat die Industrie etwas Schlaues erfunden: das sogenannte Beistellbett. Das Beistellbett ist ein Gitterbettchen mit variabler Matratzenhöhe und abnehmbarem Seitengitter. Man kann es einfach neben das Bett der Eltern stellen und die Matratze auf dieselbe Höhe bringen wie die von Mama und Papa. Hat man dann Hunger, rollt sich Mama einfach in Position und eröffnet den Schankbetrieb. Easy!

»Aber ich schlafe doch nicht, während ich mein Kind füttere? Jetzt mal ehrlich, das haben die sich bestimmt ganz toll ausgedacht, aber das funktioniert doch nicht. Ich habe mal einen Fernsehbericht darüber gesehen, wie Hebammen Müttern das Stillen beibringen. Da hält man nicht einfach nur so seine Brust hin, und das Baby kommt angekrabbelt und trinkt daraus. Da gibt es bestimmte Positionen, um das Baby zu halten und so. Außerdem werde ich nachts ja schon wach, wenn du hier durchs Zimmer spazierst. Wie soll ich denn dann schlafen, während jemand an meiner Brust saugt?«

Da hat Lili recht! Es gibt bestimmt Mütter, bei denen das gut funktioniert. Aber eine Allzweckwaffe ist das Beistellbett nicht. Außerdem wollen Babys ja auch einfach nur mal so in den Arm genommen werden. Und das macht man im Sitzen, im Stehen oder im Gehen und nicht, indem man sich rüberrollt und dem Baby eine Brust ins Gesicht legt. Wenn Babys nachts schreien, wird man wach. Dafür gibt es das Schreien. Das ist der Sinn, den der Erfinder des Schreiens selbigem zugedacht hat. Und wenn man eh schon wach ist, kann man sich sein Baby auch schnappen und irgendwas damit anstellen. Selbst wenn man es sich nur ins eigene Bett legt und ein wenig kuschelt. Außerdem werden viele Babys überhaupt gar nicht gestillt. Die bekommen Fläschchen. Und das gibt vielleicht auch nicht die Mama, sondern der Papa. Und auf welcher Seite steht dann das Beistellbett? Na? Und wo kommt die Milch her? Die liegt ja dann nicht warm in der Brust, sondern steht kalt im Kühlschrank. Da ist nix mit Rüberrollen. Also weg mit dem Beistellbett. Oder zumindest kann man das Gitter wieder dran machen. Aber dann kann das Baby auch gleich in einer Wiege liegen. Und überhaupt, muss das Kind im Schlafzimmer liegen? Es gibt doch Babyphones. Ist es denn nicht auch wichtig, dass die Eltern tief und fest schlafen, damit sie ihren stressigen Alltag bewältigt bekommen? Und was ist mit Schaukelwiegen? Oder Bollerwiegen? Pendelwiegen, Hängematten, Schlafmatten, Schlafteppichen, Schlaftaschen, Schlafwippen, mit Kokon, ohne Kokon, und, und, und, oder, oder, oder ...

»Yessica?«

»Seit wann nennst du mich Yessica?«

»Ich wollte es mal ausprobieren.«

»Und wie war's?«

»Doof.«

»Schade.«

»Christian?«

»Ja?«

»Das Ding, das du meinst, wo das Baby drin schlafen soll, heißt Stubenwagen.«

»Du meinst die Wiege mit Rädern und Himmel.«

»Genau. Das ist ein Stubenwagen. Die Kia hat ihren noch. Den von der Fanny. Den leiht sie uns, bis die Kleine groß genug für ein eigenes Bett ist.«

»Und wo stellen wir den hin? Zu uns ins Schlafzimmer? Oder ins Kinderzimmer?«

»Das wird uns die Kleine schon sagen.«

»Wahrscheinlich. Ist ja unser Kind.«

...

»Lili?«

»Ja?«

»Ich bin sehr glücklich.«

»Ich weiß ... Ich auch.«

TICO TORRES

Es ist Sonntag. Lili und ich sitzen vor dem Fernseher und gucken die MTV Video Music Awards. Lili ist mittlerweile so dick, dass man sieht, dass sie schwanger ist. Das macht vieles leichter. In der öffentlichen Wahrnehmung ist man erst dann richtig schwanger, wenn man auch richtig schwanger aussieht. Und das ist wichtig, denn neben dem ganzen Stress, dem Hormonterror, der Übelkeit, der Fresserei, den Körperausdünstungen, dem schweren Atem, dem doofen Treppensteigen, dem Unvermögen, sich richtig anzuschnallen, schöne Klamotten zu finden, Schuhe zu binden und Sektkartons zu tragen und auszutrinken, gibt es auch einige wenige Vorteile, in deren Genuss man als Schwangere kommt. Diese Vorteile kann man aber erst in Anspruch nehmen, wenn man auch richtig dufte schwanger aussieht. Logisch!

Der erste Vorteil: Man muss niemandem mehr erklären, dass man schwanger ist. Wenn man jetzt im Stress ist und Hormonterror, Übelkeit, Fresserei, Körperausdünstungen, schwerer Atem, doofes Treppensteigen und die Unfähigkeit, sich richtig anzuschnallen, schöne Klamotten zu finden, sich die Schuhe zu binden und Sektkartons zu tragen und auszutrinken, einen in den schreienden Wahnsinn treiben, wissen jetzt endlich alle, warum. Plötzlich wirft niemand mehr lachend mit Bierdosen nach einem, damit man endlich aufhört zu nerven. Und wenn doch, dann nur mit alkoholfreiem Bier.

Der zweite Vorteil: Niemand guckt einen mehr bemitleidenswert an und zieht einem die Nachmittagstorte unter der tropfenden Zunge weg, weil er findet, man lasse sich in letzter Zeit doch etwas gehen.

Der Trick beim Schwangersein ist also nicht zu kaschieren, sondern zu präsentieren! Das ist natürlich und leider komplett andersrum als im normalen Leben. Und muss von Frauen erst flei-

ßig gelernt werden. Für Männer wäre das der Teil der Schwangerschaft, den sie eindeutig lässiger und mit weniger Startschwierig-
keiten über die Bühne bringen würden. Männer wissen seit frü-
hester Jugend, dass das Schönste im Leben (Bier) immer mit
großer Grausamkeit (Bauch) einhergeht. Wer ständig in großem
Glück lebt – oder, um es richtig zu formulieren, ständig das große
Glück in sich leben lässt –, der muss auch damit klarkommen,
dass es sich auf die Dauer auch nach außen hin Ausdruck ver-
leiht. Und dass die Auswüchse des Glücks nicht im Entferntesten so hübsch sind wie das Glück selbst, ist eine bittere Pille, die
man Glas für Glas mitschlucken muss. Da haben es Frauen wesentlich leichter. Denn babydicke Frauen sind, anders als bier-
dicke Männer, ein ästhetischer Hochgenuss. Babydicke Frauen
sind so schön, dass man sie zu Recht sogar auf Titelblättern von
Hochglanzmagazinen präsentiert. Es gibt Millionen von Websites,
auf denen es nichts anderes zu sehen gibt als babydicke Frauen.
Splitternackt und bei den unglaublichsten körperlichen Betätigun-
gen. Eine Website mit nackten posierenden Fettsäcken ist mir dagegen nicht bekannt. Und sollte es sie trotzdem geben, will ich
nichts davon wissen. Auch eine Ausgabe der *Men's Health*, eine
Grazia oder ein *Beef*-Magazin mit einem süßen nackerten Speck-
mann vorne drauf gibt es nicht. Und obwohl ich mich in diesem
Fall ausnahmsweise hinreißen lassen würde, alle drei zu kaufen,
bin ich bestimmt der Einzige, der sich so etwas als Warnung in
den Partykeller hängt.

Im TV sind Rocker zu sehen. Die Firma Bon Jovi bekommt unnötigerweise einen Preis überreicht. Vielleicht müssen sie ihn aber
auch wieder zurückgeben, weil ihr 2009er Album *The Circle* noch
mehr als gewohnt hinter den eh schon niedrigen Erwartungen der
Fans zurückblieb. Dabei klang die eklige Single »We Weren't
Born to Follow« endlich wieder ein bisschen mehr nach Pur als

nach Howard Carpendale. Vielleicht stehen sie aber auch einfach nur auf der Bühne, weil grad niemand Besseres zu bekommen war. Lili hält nichts von meiner guten schlechten Meinung über Bon Jovi. Und sie hat auch etwas zu sagen.

»Das ist Tico Torres.«

»Nein«, weiß ich besser. »Das sind Bon Jovi.«

»Nein, der Typ da. Das ist Tico Torres.«

»Ich glaube nicht, dass dieser Typ da Tico Torres ist. Ehrlich gesagt glaube ich nicht, dass es überhaupt jemanden gibt, der so heißt. Höchstens eine Zeichentrickfigur. Vielleicht ein Zeichen-trickkater mit einem Mexikanerhut und einem Banjo, der immer »Jippidee, Jippidee, Jodidodi« ruft. Oder vielleicht sind die Edeka-Tüten-Nachos von der Firma Tico Torres. Weil das würziger klingt als Bahlsen. Aber Menschen heißen so nicht. Und der da schon gar nicht. Der heißt Jon Bon Jovi.«

Ich weiß nicht, warum ich so arrogant bin. Aber ich bin mir so si-cher, dass niemand auf der Welt Tico Torres heißen kann. Und darf. Das wäre doch ein völlig bekloppter Name. Und wenn doch jemand so heißt, dann hat er garantiert einen Künstlernamen, der seinen wahren Namen so spannend verschleiert, dass sich nie-mand jemals die Frage stellen wird, ob es eine geheimnisvolle zweite Wahrheit hinter der ersten Wahrheit gibt.

»Du heißt Yessica Yeti.«

Mmmhhh. Touché. Ich schweige weiserweise.

»Und ›Yessica Yeti‹ – da sei dir mal sicher – würde man nicht mal einen Zeichentrickkater mit einem Mexikanerhut und einem Banjo, der immer »Jippidee, Jippidee, Jodidodi« ruft, nennen. Nicht mal seine Frau würde man so nennen.«

Treffer, versenkt!

»Ich weiß auch, dass Jon Bon Jovi Jon Bon Jovi heißt. Ich weiß sogar, dass Jon Bon Jovi in Wirklichkeit John Francis Bongiovi, Jr.

heißt. Ich bin ja nicht blöd. Aber der andere da – der mit dem Bärtchen –, das ist der Schlagzeuger von Bon Jovi, und der heißt Tico Torres. Kannste bei Google nachgucken. Oder bei Ecosia, oder wie deine Öko-Suchmaschine da heißt.«

Meine Suchmaschine heißt tatsächlich Ecosia. Und obwohl Tico Torres genau genommen Hector Samuel Juan Torres heißt und ich am Ende so was Ähnliches wie recht habe, ist MEIN Name an diesem Abend Mr. Kleinlaut.

Den hab ich mir aber auch verdient.

ALIEN V

In den Werbepausen schaltet Lili um. Eigentlich ist das gar nicht ihre Art. Sie mag Kurzfilme und lässt sich gerne von ihnen über aktuelle Produktinnovationen informieren. Was Sie dagegen überhaupt nicht mag, ist, dass ihr Freund die Werbung immer leise stellt, um die kurzen Pausen für Kommunikation zu nutzen. Ich weiß bis heute nicht genau, ob es die Kommunikation ist, die sie stört, oder dass sie die Werbung nicht mehr hören kann. So oder so hat sie sich neuerdings angewöhnt, die Werbung einfach wegzuschalten, damit von mir weder geredet noch irgendetwas leiser gemacht wird.

Lili schaltet also um. Ich schweige und lasse die Finger von der Fernbedienung. Plötzlich offenbart sich uns ein Bild, von dem ich bereits in dieser Sekunde weiß, dass es Lili wünschen lassen wird, niemals umgeschaltet zu haben. Lieber hätte sich Lili mit mir unterhalten, als so etwas mit ansehen zu müssen. Im Fernsehen bekommt eine Frau ein Baby. Kein Hollywood-Baby. Ein echtes Baby verlässt seine sensationell weit geöffnete Mutter. Lilis Augen drücken sich vor Entsetzten aus ihren Höhlen und plumpsen auf die Couch. Mit beiden Händen versucht sie, sie wieder reinzudrücken. Aber weil sie sehen will, was sie nicht sehen will, muss sie die Hände wieder vom Gesicht wegnehmen. Sofort bewegen sich ihre Augen wieder an ihre anatomischen Grenzen. Es ist ein gleichzeitiges Starren und Wegstarren – Hingucken und Weggucken. Und während wir denken: »O Gott. So etwas haben wir ja noch nie gesehen«, denkt Lili: »O Gott. So was wollte ich auch niemals sehen.«

Die Frau im Fernsehen schreit. Lili schreit. Die Frau im Fernsehen weint und schwitzt ganz irre. Lili weint und schwitzt auch. Ich bekomme von all dem nur wenig mit, denn ich liege zusammengekauert mit dem Rücken zum TV und versuche meinen gesamten Körper in einem 25 x 25 Zentimeter kleinen Kissen verschwinden zu lassen. Als ich bereits zur Hälfte im Füllmaterial stecke, ist die Entbindung vorbei. Lili hört auf zu schreien, aber nicht zu weinen. Die Frau im Fernsehen macht es ihr nach. Nachdem sich beide beruhigt haben, wird Lili gesprächig.

»Das ist ja die Hölle. Bist du dir wirklich sicher, dass du bei der Geburt dabei sein willst?«

»Bist du dir wirklich sicher, dass DU bei deiner Geburt dabei sein willst?«

»Mir bleibt ja wohl nichts anderes übrig ... Aber ich muss es mir wenigstens nicht angucken!«

Da hat Lili gleich zweimal recht. Sie beschließt aber, dass nicht nur sie die Geburt nicht sehen wird, sondern auch ich nicht. Ich werde beim großen Ereignis so im Raum platziert, dass ich zwar einen schönen Ausblick, aber keinesfalls Einblick habe. Ich darf zu-, aber nicht hingucken. Warum? Frauen denken gerne, dass, wenn Männer ihre Vagina einmal als Hauptdarstellerin in einem Splatter-Movie gesehen haben, nie wieder das Verlangen haben, selbige jemals wieder in irgendeiner Form zu betreten. Dabei übersehen sie, dass Männer in der Lage sind, die Erotik einer schönen Frau sogar dann wahrzunehmen, wenn sie in 200 Kilo Gehacktes eingerollt ist oder sich am ekligsten Ort der Erde befindet – der Toilette eines Clubs morgens um halb sechs. Jungs sind, was Erotik angeht, extrem feinfühlig. Die Vagina eines geliebten Menschen ist ein heiliger Ort. Und er wird durch das Wunder der Geburt nicht entheiligt, sondern extrasondergeheiligt. Denn schließlich sind Vaginen zu etwas in der Lage, von dem der eigene Penis nur träumen kann.

Männer sind absolut überzeugt von der Pracht und der Macht ihres eigenen Genitals und halten es im Allgemeinen für das Wichtigste und Tollste, was es so gibt. Sie würden komplett ausrasten und vermutlich noch mehr unnötige Kriege anzetteln, könnte aus ihm noch mehr rauskommen als nur alberne Körperflüssigkeiten. Könnten Penisse Babys gebären, wären die Museen, Marktplätze und sämtliche öffentlichen Einrichtungen übersät mit gigantischen Phalli, und es gäbe nur eine Religion: die des hochheiligen Superpenis. Das maskuline Gebären von Babys wäre die Krone der Krone der Schöpfung. Der Mann wäre perfekt. Dass dieses Privileg Frauen vorbehalten ist, ist der einzige Grund, warum sich Männer überhaupt domestizieren lassen und nicht ständig alles kaputt machen und auf den Hof kacken. Dass Frauen in der Lage sind zu gebären und Männer dabei nur – aber immerhin – zugucken dürfen, hält nicht nur die Erde in einigermaßen gleichförmiger Rotation, sondern macht aus dem Allerheiligsten der Frau das Allerallerheiligste. Männer können es deshalb nach der Geburt nicht abwarten, sich mit einer Begehung der Heiligen Stätte für alles zu bedanken, wozu sie nicht in der Lage sind. Und ehrfahrungsgemäß wollen die meisten Männer bereits sehr viel früher Danke sagen, als die meisten Frauen sich bedanken lassen möchten. Von Ekel und mangelndem Interesse an der Wiederaufnahme schöner Gewohnheiten kann hier also nicht die Rede sein.

Und sollte Frau dooferweise einen Partner erwischt haben, der nach der Geburt nur noch traumatisiert in der Ecke hängt, kann sie sich sicher sein: Der war auch vorher nicht ganz okay.

Das wird auch sein Therapeut bestätigen.

DER SUPERARZT

Es gibt Menschen im Leben, die vergisst man nie. Menschen, die einen nachhaltig beeindrucken. Menschen, die mit lässiger Geste Großes an einem vollbracht haben. So wie Friederike, die mir im Hausflur des Hochhauses Potsdamer Straße 6, gleich hinter Karstadt, etwas zeigte, was sie ihre Mimmis nannte. Oder Arno Kieselwalter, der auf der Graf-Adolf-Straße in Düsseldorf kurz an meiner Jacke zog und so dafür sorgte, dass ich im selben Jahr noch 14 werden konnte und mich der vorbeirauschende berühmte »Ten Ton Truck« aus dem The-Smiths-Song nicht überfuhr. Einer dieser Menschen ist: der Superarzt.

Der Superarzt ist ein in Berlin ansässiger Frühdiagnostiker. Der Superarzt sieht aus wie Flake von Rammstein. Und wenn ich ehrlich bin, weiß ich bis heute nicht genau, ob es nicht vielleicht sogar Flake von Rammstein ist. Zuzutrauen wäre es ihm. Und den dafür geeigneten Humor hat er auch.

Frühdiagnostiker heißen eigentlich Pränatal-Diagnostiker und machen genau das: pränatal – also vor der Geburt – Untersuchungen an Babys vornehmen. Nur sie können einigermaßen verlässliche Aussagen über Bauweise, Design und Gesundheitszustand des Kindes treffen. Und können sie das nicht, wissen sie, was zu tun ist, damit sie es eventuell doch können. Gängige Methoden der nicht-invasiven, also nur außerhalb des Körpers vorgenommenen Untersuchungen sind Ultraschall und die Nackentransparenzmessung. Wenn man damit nicht weiterkommt, muss das Fruchtwasser untersucht oder Blut aus der Nabelschnur entnommen werden. Das Problem: Die Ergebnisse der nicht-invasiven Untersuchungen sind eher Einschätzungen als Diagnosen. Das Anzapfen der Fruchtblase kann aber in seltenen Fällen zu Fehlgeburten führen, und das Blutsaugen ist teuer und immerhin noch mit einem Fehlgeburt-Risiko zwischen 2:100 und 7:100 verbunden. Diese Untersuchungen macht kein Paar gerne und meist nur dann, wenn es gesicherte Erkenntnisse zur Chromosomenbesonderheit einer eventuellen Erbkrankheit haben möchte. Abgesehen davon, dass diese Eingriffe gefährlich sind, sind sie auch ethisch diskutierbar. Menschen mit Down-Syndrom, die ja mitunter und nicht weniger als alle anderen ein ganz lustiges Dasein fristen, kritisieren beispielsweise nicht ganz grundlos, dass man ja genau SIE bei diesen Untersuchungen aufspüren will, um anschließend zu verhindern, dass sie auf die Welt kommen.

Da wir aufgrund unseres Alters und absurderweise nicht aufgrund unserer Ausschweifungen in den letzten 35 Jahren als Risiko-Schwangere gehandelt werden, ist bei uns auch die Wahrscheinlichkeit einer Chromosomenbesonderheit erhöht. Wenn wir es hier genau wissen wollen, bleibt uns der invasive Eingriff nicht erspart. Und wie immer stehen wir allein da. Niemand nimmt uns an die Hand und hilft uns, eine Entscheidung zu treffen. Jeder hat mehr Ahnung als wir und niemand die Eier, uns eine Entscheidung zu empfehlen. Also gehen wir zum Feindiagnostiker. Der hat zwar auch nur eine Ultraschallwaffe, aber vielleicht ja eine mit Warp-Modul.

Dr. Fein bittet uns in sein Büro und stellt uns die üblichen Fragen. Dann gehen wir ins Behandlungszimmer, und er wirft sein Photonen-Schallgerät an. Er vermisst unser Baby mit einer Art digitalem Zollstock. Immer wieder zieht er auf dem Bild kleine Linien von irgendwo nach nirgendwo und speichert die Messdaten im Gehirn seines ultraschallenden Scanners.

»Dass ihr Kind ein Mädchen ist, wissen sie schon, stimmt's?«

»Ja.«

»Und gesund ist es auch.«

»Wie?«

»Ihr Kind ist mit 100-prozentiger Wahrscheinlichkeit ein Mädchen und mit 195-prozentiger Wahrscheinlichkeit gesund.«

»Was heißt das?«

»Das heißt, dass, wie ihre Ärztin schon richtig erkannt hat, ihr Kind ein Mädchen und hochwahrscheinlich gesund ist. Es hat aller Wahrscheinlichkeit nach auch nicht das Down-Syndrom.«

»Aber es könnte es haben. Unwahrscheinlich, aber möglich.«

Vor uns sitzt ein grinsender Mann. Ein irgendwie gespenstischer und gleichzeitig komischer Kauz, der jetzt einen Monolog halten wird, der, wenn man ihn hier liest, wahrscheinlich etwas auswendig gelernt rüberkommt. Den er aber garantiert noch nie in seinem Leben gehalten hat. Den er jetzt gerade und in dieser Sekunde für uns beide formuliert. Weil er fühlt, was wir brauchen. Weil er weiß, in welcher Situation wir uns befinden. Weil er weiß, was er dazu beitragen kann. Und weil er ein guter Arzt ist.

»Okay. Aaaalso: Ich mache das hier jetzt schon sehr lange und vor allem sehr gerne. Ich liebe meine Arbeit und nehme die Dinge sehr genau. Ihr Kind ist gesund. Sie machen auf keinen Fall eine Fruchtwasseruntersuchung. Sie werden jetzt auch kein Blut aus ihrem Nabel entnehmen lassen, das ich dann zur Untersuchung nach London schicke, wo sich ein Mann, der diese Untersuchung erfunden hat, einen goldenen Arsch freut über das viele Geld, das er damit macht, und uns dann mitteilt, dass die Wahrscheinlichkeit, dass Ihr Kind gesund ist, jetzt von 195 % auf 260 % gestiegen ist. Eine Information, die Ihnen nebenbei nichts bringt, weil Sie Ihnen nichts sagt. Außer, dass es noch wahrscheinlicher ist, dass Ihr Kind gesund ist, als es das eh schon war. Sie aber IMMER NOCH keine Diagnose haben und immer noch nicht wissen, ob Ihr Kind wirklich nicht das Down-Syndrom hat oder an etwas anderem leidet. Also: Vergessen Sie diese Zahlen. Vergessen Sie auch gerne alles, was ich Ihnen eben während der Untersuchung über irgendwelche Abstände von irgendwelchen Körperteilen zu irgendwelchen anderen Körperteilen und meine Rückschlüsse dazu erklärt habe. Es ist ganz einfach ...«

Dr. Fein macht eine dramatische Pause und guckt uns in die Augen. Und zwar unmöglicherweise in alle vier gleichzeitig.

»Wenn ICH sage, Ihr Kind ist gesund, dann ist es gesund.«

Lili und ich starren den Superarzt an. Der Mann ist keine 60 Kilo schwer und hat Eier, so dick wie Pomelos. »Wenn ICH sage, Ihr Kind ist gesund, dann ist es gesund«, ist das *»Hasta la vista, baby!«* der Medizingeschichte. Es ist ihm scheißegal, dass vielleicht nachher jemand kommt und sagt: »Sie haben aber damals versprochen, unser Kind sei gesund, und jetzt ist es mit einer krummen Nase auf die Welt gekommen.« Er übernimmt einfach Verantwortung. So wie wir, wenn wir sagen, wir bekommen ein Kind. Oder die Hebamme, wenn sie später sagt, ich hol das Kind jetzt hier raus. Dieser Mann ist mein Höhepunkt dieser Schwangerschaft (die Geburt nicht eingerechnet). Nicht weil er uns eine Entscheidung abnimmt. Sondern weil er etwas kann. Weil er seinem Können vertraut und sich für etwas zuständig erklärt.

Und weil er einen Ultra-Phaser-Schall-Scanner mit Warp-Antrieb hat, mit dem man durch Menschen durchgucken und Vaginas sehen kann.

EGGS BENEDICT

Es ist Samstag. Oder Sonntag. Die Uhren haben frei. Die Tages-zeiten auch. Heute muss nichts Sinn machen. Nach dem Früh-stück gehen wir wieder ins Bett. Aber nicht lange. Lili und die Kleine haben Hunger, stehen wieder auf und machen sich in der Küche etwas zu essen. Zum Mittagessen gehen wir raus. Auf dem Weg kommen wir an einem Kiosk vorbei. Lili checkt zehn Mi-nuten lang die Auslagen mit den Süßigkeiten und entscheidet sich dann für zwei Stangen Giotto. Nach dem Mittagessen planen wir für den Abend einen Kinobesuch, den wir mit Pasta bei Va-piano einleiten. Wir finden Vapiano doof, aber der Laden ist in Ki-nonähe, und wir wollen keine Snobs sein. Oder ist man gerade dann ein Snob, wenn man zu Vapiano geht? Was ist eigentlich ein Snob? Keine Ahnung. Ist auch egal. Es schmeckt. Also finden wir Vapiano doch nicht doof. Wieder was gelernt!

Im Kino gibt es für Lili wie immer Nachos mit Käse und für mich Eiskonfekt. Wir teilen 6:4 zu Lilis Gunsten. Dann ist Lili schlecht.

Ich überlege, wie ich helfen kann. Underberg geht ja nicht. Viel-leicht war eins der Nahrungsmittel, die Lili am Tag gegessen hat, ja nicht okay. Ich schreibe auf einen imaginären Notizblock, was Lili und unsere kleine Freundin in ihrem Bauch den Tag über so verputzt haben. Als ich mit der Liste fertig bin, ist mir auch schlecht.

Der Film läuft. Ich flüstere Lili etwas zu.

»Ich glaube, das Essen war okay. Es liegt wohl eher an der Kombination der Dinge, die du so gegessen hast.«

»Aha. Guck mal, Eggs Benedict!«

»Was?«

»Eggs Benedict. Was die Frau in dem Film da isst. Das sind Eggs Benedict. Kennst du das nicht?«

»Äääh, nein.«

»Das sind pochierte Eier. Auf Toastbrot. Oder auf Muffins. Mit gebratenem Kochschinken oder Frühstücksspeck. Und Sauce Hollandaise. Lecker. Das könnte ich jetzt auch essen.«

Ich zerknülle den imaginären Notizzettel, stecke ihn in den Mund und schlucke ihn hinunter. Den braucht hier wohl niemand mehr. Stattdessen überlege ich, wo wir abends um elf gleich noch Eggs Benedict herbekommen. Hm, schwierig. Aber vielleicht isst in dem Film ja gleich noch jemand einen Burger.

McDonald's ist gleich um die Ecke.

SECHS

VERSEHENTLICH SCHWANGER

Frauen sehen nicht aus wie Models. Und wer die Welt mit gesunden Augen sieht, muss eigentlich sagen: Models sehen nicht aus wie Frauen. Denn Frauen sind eindeutig in der Überzahl, und nicht nur deshalb sind sie – und nicht die Models – das Maß aller Dinge. Eine Frau, die sich vergleichen will, sollte also nicht in die *Grazia*, sondern aus dem Fenster gucken. Und zieht sie es doch vor, Hochglanzmagazine zu bemühen, um zu sehen, was en vogue ist, dann sollte sie sich folgende kleine Weisheit auf die Lesebrille schreiben: Nicht mal Models sehen aus wie Models. Die meisten Frauen in diesen Magazinen sind so real wie Batman oder Micky Maus. Sie wirken nicht nur wie gemalt, sie sind es auch. Und Männer, die sich vom Playboy erotisieren lassen, könnten sich genauso gut auf Daisy Duck einen runterholen.

Weil dieser Abschnitt zwar einfach zu verstehen, aber offenbar schwer zu verinnerlichen ist, geraten Frauen, die in Maß und Form mehr als das gängige photogeshopte Schönheitsideal zu bieten haben, immer wieder in unnötige unangenehme Situationen.

Meiner Ex und Freundin Sara wurde in einem vietnamesischen Restaurant in großer Runde mal ein Ingwer-Bonbon verweigert. Alle Gäste bekamen ein solches Bonbon als kleine Aufmerksamkeit mit der Rechnung überreicht. Als Sara sich beim Kellner erkundigte, warum SIE kein Ingwer-Bonbon bekäme, klärte er sie gerne auf: »Schwangere dürfen keinen Ingwer. Verboten!« Dass Sara zu diesem Zeitpunkt ungefähr so schwanger war wie Papst Johannes Paul II. bei seiner Beerdigung, konnte er natürlich nicht wissen. Dass man eine Frau mit weniger als 60 Kilo Gewicht erst dann versehentlich für schwanger halten sollte, wenn sie gleichzeitig auch kleiner als 1,30 m ist, das schon.

Obenrum nur mit einem leichten Trägerhemdchen bekleidet versucht Dani der Hitze des Sommers zu entkommen. Dani als dick zu bezeichnen, ist ungefähr so treffend, wie Cola-Light lecker und gesund zu nennen. Dani als schön zu bezeichnen trifft den Kern der Sache schon eher. Gerade will sie sich bücken, um etwas anzuheben und anschließend von A nach B zu bewegen, da kommt ihr ein netter Herr zu Hilfe. »Na, lassen sie doch mal, sie haben's doch eh schon so schwer.« Ja, schwer hat es Dani! Viel Arbeit im Job und auch sonst ein ausgefülltes Leben. Aber darauf wollte der nette Herr nicht hinaus. Der war nämlich nicht Hellseher, sondern Vollidiot. Und Dani nicht schwanger, wie der nette Herr annahm, sondern der nette Herr nicht nett, wie Dani jetzt wusste.

Noch schlimmer erging es Ornella. Die wäre nämlich sogar gerne schwanger gewesen, war es aber damals noch nicht und hatte ihre Ansprüche ans Leben für diesen Abend so weit runtergeschraubt, dass sie es bei einem Becher Eis belassen wollte. Einem köstlichen Häagen-Dazs-Eis aus der Tiefkühltruhe vom Edeka-Markt gegenüber. Leider hatte sie so ein köstliches Häagen-Dazs-Eis aus der Tiefkühltruhe vom Edeka-Markt von gegenüber nicht. Also zog sie sich ihre Fünf-vor-acht-gleich-macht-der-Laden-zu-Schuhe über und rannte um ihr kulinarisches Leben aus der vierten Etage runter zu ihrem Abendbrot. Als sie leicht veratmet, aber glücklich und vor allem noch vor Ladenschluss mit ihrem Eis in der Hand an der Kasse ankam, hatte der Kassierer tröstende Worte für die nach Luft und Eis hechelnde Ornella. »Ja, das kenne ich. Als meine Frau schwanger war, hatte sie auch immer solche Heißhunger-Attacken.« Bäm! Das tat weh.

»Sie sind so alt und hässlich, als Ihre Frau schwanger war,

gab es überhaupt noch kein Tiefkühleis, da haben sie noch auf Kriegstrümmern herumgelutscht. Falls Sie ekelhafter Haufen überhaupt 'ne Frau haben.«

Das hätte Ornella gerne gesagt. Ist ihr aber leider erst eingefallen, als sie wieder zu Hause war. Stattdessen schluckte sie ihre Wut hinunter, und das Eis blieb ungegessen. Der Magen war einfach schon zu voll mit schlechter Laune.

Wesentlich mehr Glück als der nette Herr, der vietnamesische Kellner und der Edeka-Eis-Kassierer hatte Sting, als er auf seiner Geburtstagsparty einmal eine Bekannte von mir mit den Worten »Hope you're pregnant!« begrüßte.

Wäre der allerdings danebengegangen, wäre er RICHTIG danebengegangen!

DICKE KÜSSE

Diese Woche wurde Ornella vom Beatsteaks-Sänger Arnim Teu-toburg-Weiß auf ihren schwangeren Bauch geküsst. Und Lili von Robbie Williams.

Da frage ich mich doch wirklich, was besser ist.

NENNEN WIR DAS KIND DOCH EINFACH
MAL BEIM NAMEN

Ich habe einen Namen für das Kind. Und nicht nur einen! Ich habe gleich zwei. Zwei gute und mit viel Liebe erdachte Namen. Zwei Top-Namen. Das Tolle an den Namen: Es sind, wie eingangs bereits erwähnt, zwei. Das heißt: Rasselt der eine durch Lilis Geschmackswertung, kann der andere noch einschlagen wie 'ne Silvesterrakete. Wahrscheinlich aber sind beide Namen SO gut, dass Lili selbst nicht wissen wird, welcher der bessere ist. Die Präsentation wird ein Fest.

Mein erster Name ist »Pebbles«. Auch wenn Adriano und Ornella ihren Sohn – denn einen Sohn werden sie bekommen, wie sie jetzt wissen – nicht »Bamm-Bamm« nennen wollen, ist »Pebbles« ein süßer Name. Klingt niedlich, außergewöhnlich und positiv. Und obwohl es vermutlich ein amerikanischer Name ist, ist er nicht aus der Abteilung »Charlene« und »Kendrick«. Außerdem ist es kein auffallend provozierender Hänselname. Okay, Pebbles heißt die Tochter von Fred und Wilma Feuerstein. Aber wer von den Kids kennt heute noch die Feuersteins? Die sind ja voll aus der Steinzeit.

Nummer zwei ist aber noch besser: »Pixie«.

Die Pixies sind meine Lieblingsband. Und vermutlich auch die wichtigste. Sie sind nicht die Band meiner Jugend und auch nicht der Soundtrack meiner ersten Liebe. Aber sie sind die Band, die mir zu einem Zeitpunkt, als ich dachte, schon alles gehört zu haben, was es so für mich geben könnte, eine Türe aufgemacht hat, hinter der es dann noch mal richtig zu krachen begann. Wie David Bowie damals klug erkannte: »Ohne die Pixies wären die Achtziger nie zu Ende gegangen.«

Ich kann mich mit meiner inneren Zeitmaschine jederzeit in die

Situation zurücktransportieren, in der ich die Pixies zum ersten Mal gehört habe. Ich kann mich immer wieder zurück in diesen Raum im Jahr 1989 beamen und mir das dazugehörige Gefühl nach oben holen. In der Schallplattenabteilung bei Schauland in Düsseldorf lief »Broken Face«. Ich hielt inne und wusste sofort: Das wird dein Leben verändern! Es war gnadenlos und konsequent und gleichzeitig von unfassbarer Harmonie und Schönheit. Dann lief »Gigantic«. Danach war ich verknallt. Ich wusste noch nicht, in wen. Das musste ich den engagierten Schallplattenfachverkäufer erst fragen. Aber ich war bis über, nein, IN beide Ohren verliebt. Die Pixies sind die perfekte Melange aus unfassbaren Melodiebögen und brutaler Härte. Wärmer als Punkrock, klüger als New Wave und sättigender als Pop. Und sie kamen für mich irgendwie aus dem Nichts. Ich war mit Bombast-Rock groß geworden, mit viel Glam, mit New Wave und dem heimischen Pendant, der Neuen Deutschen Welle. Mit Nena, Fräulein Menke, Hubert Kah und Markus. Vor allem aber mit Der Plan, Andreas Dorau, DAF, Pyrolator, Nichts, Trio, Hans-A-Plast, Rheingold, Foyer des Arts, Extrabreit und Ideal. Bands, die allesamt versuchten, aus dem Zusammengekehrten des Punk, der gerade erfundenen elektronischen Musik und der Möglichkeit, endlich deutsch singen zu können, etwas Neues und Eigenes zu schaffen. Das war ein Aufbruch, das war spannend ... Eine Band wie Ideal hatte es vorher noch nicht gegeben.

Ich kannte den Mainstream genauso wie den abgefahrenen Scheiß. Ich kannte den Rock und die Kunst. Ich mochte die Charts – wenn sie gut waren. Aber ich mochte auch Dadaismus und laute Gitarren. Und ich war immer Feuer und Flamme, wenn es jemand schaffte, dass man den Mainstream und die abgefahrene Scheiße nicht mehr auseinanderhalten konnte. War Prince Mainstream? War Adam Ant Pop? Und Kate Bush? War Joachim Witts »Herbergsvater« wirklich in den deutschen Top 100? Hatte sich das alles wirklich mal jemand richtig angehört? Das war doch alles total weird.

Als Frank Black 1991 die Pixies auflöste, hörte ich für Jahre auf, Musik zu hören. Tat ich natürlich nicht! Aber sie ging mir nicht mehr so nah. Und als mit Rage Against the Machine, Soundgarden, den Red Hot Chili Peppers. und Nirvana endlich alternative Musik bei MTV, im Radio und damit im Mainstream ankam, wusste ich genau: Die Pixies hatten dafür den Boden weichgetreten. Bis heute haben mich Tausende Konzerte, Hunderte Platten und unzählige tolle Musiker immer und immer wieder zu Tränen gerührt und geschüttelt. Aber es war nie wieder wie damals in der Schallplattenabteilung bei Schauland in Düsseldorf.

Pixie Schwarz ist die Hair-Stylistin der US-Comedy-Serie *Two And A Half Men*. Und die der Serie *Die Wilden Siebziger*. Und von *Rosanne*. Ich weiß das so genau, weil sie immer im Abspann auftaucht, den ich generell fleißig studiere. Wie ich gerade beweise. Jedenfalls denke ich jedes Mal, wenn ich Pixie Schwarz lese: Ach. Pixie. Das ist doch ein schöner Name.

Also gehe ich mit meinen beiden Namen dahin, wo sie gleich großes Glück verbreiten werden: zu Lili.

BÜCHSE

Dass ich vor mir selbst so tue, als könnte Lili einer der beiden Namen gefallen, ist natürlich reiner Selbstbetrug. Lili hasst die Pixies, und »Pebbles« ist ein Comic-Name. Aber ich liebe diese Frau ja nicht nur für ihre Hartnäckigkeit, sondern auch für ihre wilde Spontaneität und Unberechenbarkeit. Und genau damit überrascht sie mich an diesem Abend.

»›Pixie‹ finde ich gut. Das ist wirklich ein schöner Name. Den hast du gut gefunden. Aber ich müsste dabei immer an Pixi-Bücher denken. Und an die Sängerin Pixie Lott. Und die finde ich leider doof. Auf jeden Fall doofer als ihren Namen. Leider. Geht nicht.«

»Und ›Pebbles‹?«

»›Pebbles‹ finde ich supersüß.

Pause.

Pause.

Pause.

»Lili? Warum suchen wir überhaupt nach einem Namen?«

»Weil es für Kinder praktisch ist, wenn sie einen haben. Und weil Namen schöner sind als Nummern.«

»Nein, jetzt mal ehrlich. Haben wir nicht eigentlich schon seit zwei Jahren einen Namen für das Baby?«

»Was meinst du?«

»Kannst du dich nicht mehr daran erinnern? Wir haben mal hier im Bett gelegen, *Die Bill Cosby Show* auf DVD geguckt und dann hast du mir erzählt, dass du bereits einen Namen für ein Kind hättest, falls du irgendwann mal eins bekommen würdest.«

»Stimmt. Habe ich.«

»Und wie fand ich den?«

»Toll. Du fandest den sofort toll.«

»Genau. Und warum nehmen wir den dann nicht?«

»Weil wir dann Wochen unseres Lebens mit sinnlosem Blödsinn verbracht hätten?«

»Na und? Du liest ja auch *Gala*. Und ich *Gitarre & Bass*. Ist ja auch Blödsinn. Blödsinn ist uns doch egal, oder?«

»Stimmt. Ist uns doch egal!«

Plötzlich haben wir einen Namen. Er kam aus dem Nichts. Eigentlich war er schon da, wir hatten ihn nur wieder vergessen. Wir erzählen jedem davon, der danach fragt. Uns ist es egal, wenn ihn jemand klaut. Oder wenn wir jemand Doofen kennenlernen, der so heißt. Unser Baby heißt ja schon so. Das war sein Name, schon lange bevor es von sich wusste. Und wir von ihm.

»Pebbles« und »Pixie« schleppen wir noch einige Wochen mit uns rum, als mögliche Zweitnamen. Als wir sie Lilis Familie präsentieren, wird ausgiebig gelacht. Und ausgelacht. Lilis Papa mag »Pixie« nicht. Er versteht immer nur »Büchse«.

»Bixe? Bixe? Die alte Bixe? ›Bixe‹ heißt bei uns alte Zicke. Alte Frau mit schlechter Laune. Ihr könnt doch das arme Kind nicht ›Bixe‹ nennen!«

Wir lachen uns das Wasser aus dem Kopf. Jedes Mal, wenn er sich wieder aufregt, weinen wir weiter vor Lachen.

Alleine für diesen Abend war es schon gut, dass wir »Pixie« überhaupt als Namen in Erwägung gezogen haben.

DIE NEUE FRAU

Wenn Frauen schwanger werden, werden sie anders. Sie machen komische Dinge. Erst nur ein paar, dann immer mehr. Eigentlich werden sie verrückt. Gerne anstrengend, tendenziell lustig und immer absurd. Oder wie mir mein Kumpel Sascha mit sportlicher Weisheit erklärt:

»Sobald deine Frau schwanger wird, nehmen sie sie dir weg und geben dir eine andere dafür. Mit der musst du dann klarkommen. Nach zwei Jahren bekommst du die alte dann wieder zurück – wenn du Glück hast.«

Eine der massivsten Veränderungen während der Endphase einer Schwangerschaft ist das Phänomen Nestbau. Es gibt Wörter, die einen bei der Suche nach ihrer wahren Bedeutung auf eine falsche Fährte führen können. »Schuhwichse« oder »Rasensprenger« zum Beispiel. Das Wort »Nestbau« dagegen meint genau das, was es ist: Frauen bekommen den Drang, sich und ihren Lieben ein Nest zu bauen. Dabei bezieht sich »Nest« allerdings nicht ausschließlich auf die Wohnung, und »bauen« kann auch »kaufen« oder »bauen lassen« bedeuten. Zu Anfang bedeutet Nestbau erst einmal, dem erwarteten Neuankömmling etwas Raum im Raum zu schaffen. Es kann aber auch bedeuten, die Küche mal richtig durchzuputzen, alte Gewürze wegzuwerfen, über Gardinen nachzudenken, eine neue Kommode anzuschaffen, den ganzen alten Pröttel von unterm Bett in den Keller und später dann hoffentlich auf den Trödelmarkt zu tragen, das Bad zu streichen, dann, wenn man schon einmal dabei ist, die ganze Wohnung zu streichen, den Wagen mal richtig sauber zu machen, zur Inspektion zu geben und dann zu verkaufen, weil man ja einen viel größeren braucht, der zu Anfang erst nur ein einfacher Kombi ist, später dann ein Mercedes wird und am Ende mit Glasdach und Ledersitzen ausgestattet sein muss. Nestbautrieb muss man sich weniger wie ein Projekt, als vielmehr wie eine Lawine vorstellen. Es beginnt mit kleinen Veränderungen, denen etwas größere Veränderungen folgen, die einen dann mit sehr großen Veränderungen überrollen.

Das Doofe am Nestbau ist, dass er zu einem Zeitpunkt stattfindet, an dem die Nestbauerin schon nicht mehr über ihre vollen physischen Möglichkeiten verfügt. Das heißt: Man muss mitmachen! Da man aber selber gar nicht über den hormonell getriebenen Wunsch nach umfassender Neugestaltung all dessen verfügt, was bis gestern noch ganz gut für einen war, ist man als Partner immer etwas hinterher. Während die Freundin also hochgeschwängert eine IKEA-Schrankwand in die vierte Etage trägt, die man dann schnell mal aufbauen soll, weiß man selbst noch gar nicht, dass man jetzt auch ein Auto besitzt, mit dem sich so eine IKEA-Schrankwand transportieren lässt. Dieses Defizit führt natürlich zu Spannungen, vor allem, weil die rasende Nestbauerin den Eindruck gewinnt, man hätte gar keine Lust, Nest zu bauen. Hat man natürlich schon. Aber man ist nicht VERDAMMT dazu. Man wird nicht innerlich gepeitscht und von hCG, Östrogen und Progesteron in den Nestbauwahnsinn getrieben.

Anmerkung: Wer bislang den Eindruck hatte, samstags wäre bei IKEA Pärchentag, der sollte wissen: 50 % dieser Paare sind auch noch schwanger! Und Vorsicht: Die Hälfte von denen wiederum sollte man nicht berühren. Die können explodieren!

Lili und ich bauen auch. Wir stellen uns eine Wickelkommode ins Schlafzimmer. Wickelkommode ist ein schönes, selbsterklärendes Wort. So wie Nestbau. Aber eigentlich doch nicht. Man könnte auch denken, es sei eine Kommode, die man nicht aufstellt, sondern aufwickelt. Oder sich umwickelt. Wie einen Wickelrock. Was für ein Quatsch! Wer kauft denn so was? Wir arbeiten unsere Liste von Dingen ab, die man anschaffen muss, bevor man sich ein Baby ins Haus holt. Diese Liste umfasst 172 wichtige und noch mal 621 auch ganz wichtige Dinge, von denen man bei den meisten erst mal nachlesen muss, was sie sind und welche davon die Stiftung Warentest und die Mama-Foren zu kaufen raten. Ich glaube mittlerweile nicht mehr, dass Frauen die letzten Wochen vor der Geburt vom Gesetzgeber frei bekommen, damit Kind und Mama noch etwas Ruhe vor der Geburt haben, sondern damit Sie Zeit haben, fertig Nest zu bauen und Listen abzuarbeiten. Ich glaube auch, dass ohne den biochemisch motivierten Ausbau der Wohnhöhle und den atemraubenden Zuwachs von organisatorischen und Multitasking-Skills bei angehenden Müttern die meisten Babys auf alten Teppichen leben müssten. Dazu an dieser Stelle ein kleiner offener Brief in eigener Sache an den hier bereits mehrfach erwähnten Herrn von Gott:

»Lieber Gott,

dass Du Crystal Meth nicht nur erfunden hast, sondern auch immer wieder gerne breit angelegten Qualitätskontrollen am eigenen Leib unterziehst, wissen wir spätestens, seit dir auch noch der Abflex-Bauchtrainer, *Frauentausch* und Mützen mit Tierohren eingefallen sind. Aber kannst du dich nicht ab und an mal zügeln? So einen Tag in der Woche? Kannst du nicht einmal was erfinden, ohne dich vorher mit Kreativa vollzupumpen? Wäre es zum Beispiel nicht schlau gewesen, bei der Entwicklung der Schwangerschaft auch dem Herrn der Schöpfung einen kleinen hausausbaustimulierenden Hormon-Cocktail mitzugeben? Na? Ja, das wäre es! Dann wären Mama und Papa nämlich beide gut drauf, doppelt so effektiv, doppelt so schnell fertig und immer nur halb so sauer aufeinander. Und auf dich. Falls du also, wie einige behaupten, auch Einfluss auf die Evolution hast, schau doch mal nach, ob es dort nicht noch das eine oder andere zu verbessern gibt. Oder frag mich! Wenn du das gerichtet hast, kannst du nach getaner Arbeit ja auch mal mit deinen Freunden ein Bierchen trinken gehen. Oder von mir aus auch zwei.

Wohlwollend, Dein Yessica.«

Ich verliebe mich in die Wickelkommode. Sie ist der größte lebende Beweis, dass wir bald ein Baby haben werden. Größer als Lilis Bauch. Zwei Tage später stelle ich die Wickelkommode um. Ich stelle sie so auf, dass sie das Erste ist, das man sieht, wenn man in die Wohnung kommt. Ich schließe die Tür auf, blicke in die Wohnung und … aaahh. Gute Laune! Ich stelle mir vor, wie wir Besuch bekommen, wie er die Wohnung betritt, die Wickelkommode sieht und sofort wissend ausruft: »Aaahh, ihr bekommt ein Baby!« Das ist natürlich Blödsinn. Jeder, der unsere Wohnung betritt, weiß bereits, dass wir ein Baby bekommen. Und niemand wird die Wickelkommode zum Anlass nehmen, ein zweites Mal festzustellen, dass das so ist. Außer vielleicht jemand, der lustig sein möchte. Ich bin einfach so dauerstolz und aufgeregt. Ich fühle mich wie vor zehn Jahren, als ich gerade meinen Führerschein gemacht hatte. In den ersten vier Wochen habe ich mir ununterbrochen gewünscht, dass mich endlich mal die Polizei anhält und mich fragt: »Haben Sie einen Führerschein?« Und das nur, damit ich dann antworten kann: »Jaaa. Gucken sie mal. Ganz neu! Hier. Sogar mit Foto.« Natürlich war mir klar, dass Polizisten nicht rumfahren, Autos anhalten und Menschen fragen, ob sie Führerscheine haben. Polizisten gehen zu Recht davon aus, dass Menschen, die Pkw bedienen, Führerschein-Besitzer sind. Sie fragen vielleicht mal: »Könnte ich bitte ihre Papiere sehen?«, aber niemals: »Haben sie überhaupt einen Führerschein?« Egal! Die Wickelkommode bleibt trotzdem da stehen, wo sie steht und wo man sie gleich sieht, wenn man die Wohnung betritt.

Kia schenkt uns ihren alten Stubenwagen. Lili wäscht den Himmel und das Nest und das ganze Getüffel, das dazugehört. Ich schraube alles zusammen und zupple dann stundenlang an Himmelchen und Nestchen und dem ganzen Getüffel, das dazugehört, herum. Dann mache ich Van Halen an, schiebe den Wagen von einem Raum in den nächsten und gucke, wo er am besten hinpasst. Ich stelle ihn ins Wohnzimmer. Ich könnte ihn genauso gut neben die Wickelkommode ins Schlafzimmer stellen. Da wird er am Ende wahrscheinlich sowieso stehen. Aber mit der Kommode neben dem Bett und dem Stubenwagen im Wohnzimmer haben wir jetzt schon zwei Räume babyfiziert.

Morgen früh baue ich in der Küche den Baby-Fläschchenwärmer und den Dampf-Sterilisator auf. Und abends mache ich mir dann einen warmen Brandy und reinige meine Kontaktlinsen.

AMERIKA

Maas und Katja aus Texas rufen an. Sie haben einen Hochstuhl mit Liegefunktion aus Vollplastik für uns. Falls wir ihn haben wollen. Maas und Katja wohnen seit einigen Jahren in Amerika und haben dort ein Kind bekommen. In Amerika ist alles aus Plastik. Sogar in Texas. Auch der komplette Babybedarf wird aus Polymer gefertigt. Maas und Katja finden das nicht gut. Aber es gibt nichts anderes, und nach einiger Zeit fangen sie an zu denken, dass es normal ist. Ist es ja auch. In Amerika.

In einem Land, in dem der gesamte Babybedarf abwaschbar ist, sind natürlich auch die Grundlagen der Erziehung sterilisiert. Hier gelten andere Regeln. Hier wird anders gesessen und anders gegessen. Und auch alles andere anders gemacht. In Amerika hält man das natürlich für normal. Oder vielleicht sogar für besonders zeitgemäß. Bei Maas und Katja dagegen schwingt unterschwellig der sozialisierte Instinkt mit, der ihnen sagt, dass das alles so nicht ganz richtig sein kann. Aus demselben Grund haben sie, wenn sie zum Tanken fahren, auch kein geladenes Gewehr auf dem Beifahrersitz liegen. Und sie gehen zu Fuß. Manchmal. Aus Protest.

Amerikaner sind anders als Europäer. Und Texaner sind anders als Amerikaner. Und während man sich hin und wieder fragt: »Wie konnten diese Menschen nur so werden? Wie hat die Geschichte es geschafft, diese armen Geschöpfe so zu verdrehen?«, können Maas und Katja in wenigen Minuten nicht nur erklären, wie es passiert, dass jeden Tag Amerikaner zu Amerikanern werden, sondern nebenbei auch noch, wie man dort eventuell retten könnte, was eigentlich nicht mehr zu retten ist. Denn Maas und Katja haben die Vergleichsmöglichkeit. Und so können sie in einem konzentrierten Vortrag von nur einigen Minuten Dauer die zehn wesentlichen Unterschiede in der Baby-Erziehung zwischen Europa und der dritten Welt zusammenfassen. Hat man das gehört, weiß man sofort, warum die Dinge so sind, wie die Dinge so sind. Und plötzlich wird einem klar: Wüssten die Amerikaner, dass sie einen an der Waffel haben, und hätten Sie Interesse daran, keinen mehr an der Waffel zu haben, alleine Maas und Katja könnten das ganze Land mit leichter Hand wieder zurück in die Zivilisation führen.

Leider wissen weder die Amerikaner von ihrem Problem noch Maas und Katja davon, dass sie dessen Lösung besitzen. Und so telefonieren wir und lachen gemeinsam mit den beiden über ihre absurden Geschichten aus Übersee und sehen untätig dabei zu, wie sich das ganze amerikanische Land, einer nach dem anderen, die Niagarafälle hinunterstürzt. Zischhhhhhh. Aber ich kann mich ja auch nicht um alles kümmern. Und um den Rest kümmert sich ja schon Lili.

»Wir haben auch noch eine Babywiege, die ihr haben könnt. Auch aus Vollplastik. Mit 'ner eingebauten Elektronik, die das Bett so wackeln lässt. Das soll beruhigen. Und eine Spieluhr ist da auch eingebaut. Und ein Mobile, dass sich von alleine bewegt. Glaube ich.«

»Nee, danke. Wir wackeln lieber selber ... Wer weiß, wofür es gut ist.«

GRIPPE VOM SCHWEIN

Lili und ich waren auf Heimaturlaub und fahren gerade zurück nach Berlin. Wir haben wie immer und gerne bei Lilis Eltern gewohnt und zwischendurch auch mal meinen Vater besucht. Hanno wohnt in Neuss. Nur anderthalb Stunden von Lilis Eltern entfernt. Vor zwei Tagen hat er mir sein altes Auto geschenkt. Deshalb muss Lili heute tun, was sie nicht gerne tut: selber Auto fahren. Wir fahren Kolonne, Lili vorneweg, ich hinterher.

Ich sitze in einem roten Nissan Sunny von 1991. Und wenn es Menschen gibt, die denken, dass mein Goldener Colt bereits das hässlichste Auto ist, das ein Mensch fahren kann, haben sie dieses Unwerk japanischer Autokunst noch nicht gesehen. Als sich Hanno 1991 das Nissan Hatchback als Neuwagen zulegte, habe ich alles getan, um es zu verhindern. Ich hatte zwar keine Ahnung von Autos (und habe immer noch keine), aber es ging mir einfach nicht in den Schädel, warum sich mein ansonsten ordentlich freakiger Dad ein Hausfrauenauto zulegen wollte? Warum? Alleine das günstige Angebot konnte doch kein Argument dafür sein, sich vorsätzlich hässlich zu machen. Denn genau das war man, wenn man in diesem Wagen saß. Mein Vater trug immer noch seinen Studentenbart und überwinterte in Holzklotschen. Und dann kaufte er sich ein Spießerauto mit umklappbarer Rückbank? Um was damit zu transportieren? Gras?

Bis heute habe ich das Geheimnis dieser Anschaffung nicht entschlüsselt. Oder genauer gesagt: Bis vor zwei Tagen nicht. Denn vor zwei Tagen stieg ich zum ersten Mal als Fahrer in Papas Einkaufstütenwagen. Getrieben von der traurigen Wahrheit, dass mein geliebter 87er Mitsubishi Colt bereits um seine Rente bettelte, ließ ich den Wagen an. Erst nur, um ihn einmal eine Runde um den Block zu bewegen. Dann, um ihn um einen zweiten Block zu bewegen. Aus dem dritten Block wurde dann eine

Autobahnauffahrt. Und dort wurde aus einer Testfahrt eine wahre Festfahrt. Hier die Fakten: 2-Liter-Maschine, 143 PS, 16V, GTI und auf dem Tachometer ein Aufkleber, der einen darüber informiert, dass man mit den Winterreifen nicht schneller als 210 km/h fahren darf. Und warum das? Aus demselben Grund, warum sich der Bär die Eier leckt: Weil er's kann!

Irgendwelche Irren hatten Anfang der 90er offensichtlich Langeweile und mussten irgendwas erfinden, das niemand braucht und mit dem man sich lustig totfahren kann. Einen fast 150 PS starken Turbo auf ein Sportfahrwerk zu setzen und in einen Kleinwagen einzubauen, der aussieht, als würde er jeden Moment einschlafen: Das hat Format und Wahnsinn! Gut, es ist sinnlos. Und gefährlich. Und zeigt einem ganz deutlich die Gefahren des Kiffens bei der Arbeit auf. Vor allem aber kauft so etwas niemand. Wer gerne einen schnellen Wagen fährt, der möchte auch, dass man sieht, dass er einen hat. Und wer beim Shoppen nicht ewig einen Parkplatz suchen möchte, braucht dafür keine 150 PS. Aber warum baut man so was dann? Wer kauft das denn? Einer natürlich: mein bekloppter Vater! Denn DER braucht keinen Sportwagen, um zu zeigen, dass er einen Dicken hat. Das wissen auch so alle. Hanno ist lässig. Hanno ist kein Poser. Hanno steht für Understatement. Der findet es am Ende sogar lustig, die BMWs auf der Überholspur wegzublinken, während die gar nicht wissen, was er überhaupt von ihnen will. Ein kranker Geist gehört in ein krankes Auto. Das hat Hanno schon ganz gut erkannt. Und ich selbst werde natürlich alles tun, um diesen hohen Ansprüchen an den Fahrer gerecht zu werden.

Lili fährt zügig vor mir her. Sehr zügig. Lili hat einen sehr selbstbewussten Fahrstil. Sie rast nicht. Aber man merkt ihrer Fahrweise deutlich an, dass sie auch außerhalb ihres Wagens kein ausgesprochener Fan von Warten, Rumstehen und langen Diskussionen ist. Mir und meinem roten Blitz gefällt das. Ich fahre

160, rede mit mir selbst und kann dabei mein eigenes Wort verstehen. In meinem Goldenen Colt höre ich bei 160 km/h nur noch das Blut in meinen Ohren rauschen. Vor Angst. Auch schön. Aber anders.

Ich versuche, nicht so viel an den Goldenen Colt zu denken. Er war mein erstes Auto. Mein erstes Mal. Ein Spontankauf. Ein Liebeskauf. An der Ecke stehen gesehen. Angehalten. Und gekauft. Er ist quasi das japanische Pendant zum Golf II. Und der Nissan jetzt quasi das Upgrade auf den Golf III. Damit bin ich autotechnisch immerhin schon in den Neunzigern angekommen. Ich habe erst sehr spät, im Jahr 2001, meinen Führerschein gemacht. In meiner Jugend in Monheim brauchte man kein Auto. Später in Hitdorf brauchte man nicht mal Beine, da konnte man alle Wege auch liegend zurücklegen. In Köln war ich dann immer betrunken. Oder auf Tour. Und betrunken. Während den sieben Jahren in Köln haben die Yeti Girls bis zu 100 Shows im Jahr gespielt. Mit Off-Days, Promo-Terminen, Studiozeit und kleinen Urlauben zwischendurch war ich praktisch nie zu Hause. Und auf Tour sind immer andere gefahren. Meistens Harry, der Sänger. Danke, Harry! Hätte ich wie alle anderen Menschen mit 18 meinen Führerschein gemacht und auch noch das nötige Geld für ein Auto gehabt, hätte ich mir den Goldenen Colt bei seiner Markteinführung kaufen können. Da wäre ich der erste Monheimer mit elektrisch verstellbaren Außenspiegeln gewesen. Wie cool. Ich hätte am Ende wahrscheinlich sogar mit dem Gitarrespielen aufgehört. Wofür Gitarre spielen, um Mädchen kennenzulernen, wenn man einen Mitsubishi Colt fährt? In Gold. Gottseidank war ich damals schon etwas schlau. Am Ende habe ich alles: ein tolles Girl, tolle Gitarren und einen Goldenen Colt. Und das zum Zehntel seines Neupreises. Eins habe ich nämlich immer noch nicht: Geld.

Nach 70 Kilometern ruft mich Lili an. An der nächsten Raste geht es raus, weil sie mal muss. Ich versuche weiter, nicht so viel an den Goldenen Colt zu denken. Je länger ich im Roten Blitz sitze und es offensichtlich genieße, komme ich mir wie ein Ehebrecher vor. O Gott. Ich habe sogar schon einen Kosenamen für die neue Geliebte. Was mache ich hier nur? Ich überlege, wie ich dem Goldenen Colt das erkläre und wie ich mich angemessen von ihm verabschieden kann. Es gibt im Moment drei angedachte Varianten. Adriano möchte den Wagen gerne in die Luft sprengen. Scheinbar möchte jeder Mann in seinem Leben irgendwann mal etwas in die Luft sprengen. Mit der Verabschiedung vom Goldenen Colt sieht Adriano jetzt seine große Chance gekommen. Er verkauft mir diese Idee natürlich als eine Art rituelle Beisetzung.

Meine Freundin Lina möchte gerne eine Abschiedsparty im Goldenen Colt veranstalten. Ich finde eine Party mit nur fünf Gästen – von denen drei auch noch ziemlich klein sein müssen – irgendwie nicht spektakulär genug. Ich stelle mir eher einen Club vor, der groß genug ist, dass man den Goldenen Colt reinfahren und um ihn herumfeiern kann. Aber was, wenn dann Flecken auf die Sitze kommen? Das will ich auch nicht. Und ganz egal, ob ich den Wagen jetzt sprenge oder wegfeiere, am Ende muss er doch zum Schrott und zu einem Paket kleingedrückt werden. Das kann ich nicht. Auf keinen Fall. Das ertrage ich nicht.

Lili fährt weiterhin zügig. Und vor allem an einer nach der anderen Raststätte vorbei. Offenbar ist ihr Bedürfnis geringer als ihr Heimweh. Bei Kilometer 183 beschließe ich, sie anzurufen. Aber niemand geht ran.

Eigentlich ist Linas Idee ganz niedlich. Auf keinen Fall praktikabel und auch nicht gut genug, um sie in die Tat umzusetzen. Aber sie zeigt immerhin, dass sie den Goldenen Colt auch mag. Ich überlege, ob ich ihr den Wagen nicht sogar schon mal geliehen habe. Aber eigentlich kann ich mir das nicht vorstellen. Da war ich immer sehr zickig. Ich wusste immer, wenn mir jemand den Goldenen Colt kaputt fährt, würde das am Ende für mich sehr viel teurer und trauriger werden als für den Beschädiger. Denn faktisch gesehen ist der Colt rein gar nichts mehr wert. Jeder Unfall wäre ein wirtschaftlicher Totalschaden. Das würde bedeuten, ich müsste mir einen neuen Wagen kaufen. Einen neuen Wagen, den ich nicht will. Und einen neuen Wagen, den mir kein Beschädiger bezahlen würde. Warum auch? Ein wertloses Auto kaputtfahren und dafür ein wertvolleres kaufen? Für jemand anderen? Das macht niemand. Und falls doch, würde ich es nicht wollen. So oder so hat Lina viel Zeit im Goldenen Colt verbracht und ihn offensichtlich lieben gelernt. Ich rufe Lina an und erzähle ihr von meinem Dilemma und dass ich ihr den Goldenen Colt schenken möchte. Ihr und niemand anderem. Falls sie mag. Ich erkläre ihr genau, was er noch kann und was er nicht mehr kann.

Ich bin mir nicht sicher, ob Lina weint. Aber ich höre sie ganz deutlich hüpfen.

Bei Kilometer 256 bekomme ich selbst etwas Lust, mir selbst mal eine Raststätten-Toilette anzugucken. Ich frage mich, wie Lili es schafft, so lange einzuhalten statt anzuhalten? Dazu ist sie normalerweise rein physisch gar nicht in der Lage. Bei Kilometer 262 beschließe ich, sie zu überholen. Mit Händen und Füßen erkundige ich mich im Vorbeifahren nach ihren Bedürfnissen. Mit Händen und Füßen erklärt sie mir, dass sie gleich platzt, keinen Handy-Empfang hat und trotzdem die Autobahn nicht verlassen wird. Ich lasse mich wieder zurückfallen. Was ist hier los? Ist es vielleicht wie bei Sandra Bullock und Keanu Reeves in *Speed*? Hat ihr ein Terrorist eine Bombe im Auto verbaut, die explodiert, sobald sie den Fuß vom Gaspedal nimmt? Aber explodieren wird Lili gleich auch so. Sie ist bedenklich schwanger, und eine ungeborene Wucht von mehreren Kilo Gewicht drückt seit Stunden auf ihre prallgefüllte Blase. Was macht mich jetzt schlau, und wie tue ich das Richtige? Bei Kilometer 301 hoffe ich, dass wir aus dem Funkloch raus sind, und ich beschließe, Lili noch mal anzurufen.

»Warum fährst du nicht raus?«

»Wegen der Schweinegrippe.«

»Wegen der Schweinegrippe?«

»Im Radio haben sie gesagt, dass jetzt schon die ersten daran gestorben sind.«

»Auf der Autobahnraststätte?«

»Nein. Aber die Schweinegrippe kann ja überall sein.«

»Aber du kannst doch jetzt nicht bis zu deiner Entbindung im Auto sitzen bleiben!?«

»Zu Hause steige ich aus.«

»Aber in Berlin gibt es auch Schweine.«

»Ja. Aber nicht in unserer Wohnung!«

Wo sie recht hat, hat sie recht. Und während ich bei 167 km/h eine eindrucksvolle Präsentation in Selbstdisziplin bekomme, denke ich zum allerersten Mal in meinem Leben darüber nach, in eine Wasserflasche zu urinieren.

Aber vielleicht erst dann, wenn sie leer ist.

SIEBEN

LETZTE WORTE

Mein Name ist Yessica Yeti. Ich bin 43 Jahre alt und lebe in Berlin. Ich habe ein ausgefülltes Leben voller Unsinn und Ausschweifungen geführt. Ich habe in großem Glück und gelegentlich auch gerne in großem Unglück gelebt. Ich habe mich bierseligen Exzessen hingegeben und in Verantwortungslosigkeit gebadet, bis ich frei von allem war. Ich bin ein Glückskind. Ich habe zwölf Jahre lang in einer Band gespielt und mich sieben Jahre lang davon ernährt, Gitarre zu spielen, Lieder zu schreiben, Konzerte zu geben, im Studio zu arbeiten und CDs aufzunehmen. Und ich mache das immer noch. Immer, wenn ich Lust dazu habe. Ich habe im Leben viel bekommen und das meiste davon mit Freude in Liebe verpackt und weiterverschenkt.

Ich hatte vier Pubertäten. Eine, als wir sie alle hatten. Eine, als die erste gerade vorbei war. Eine, als ich Musiker werden durfte. Und eine, als ich nach Berlin ging und beim *unclesally*s* anfing. Ich bin vielen Menschen – und vielleicht sogar einer großen Macht im Sonstwo, an die ich aber leider nicht glaube – zu endlosem Dank verpflichtet. Ich habe in der übertriebenen Freiheit, die ich gelebt habe, aus Dummheit und oft eben auch frei von Rücksichtnahme, liebe Menschen in Mitleidenschaft gezogen. Dafür schäme ich mich aufrichtig und immer wieder aufs Neue. Und jeder der Betroffenen weiß das.

Ich lebe nicht in der Vergangenheit. Ich habe an jedem Tag Spaß. Und die beste Party, auf der ich war, ist immer die letzte, auf der ich war.

Ich habe keinen Porsche, kein Eigentum und keine Ersparnisse. Ich vermute, dass ich keines der Ziele, die das Leben, die Gesellschaft und die meisten von uns an sich selbst stellen, erreicht habe.

Am Ende habe nicht viel mehr als mich, Lili und ein paar Gitarren. Aber wenn mir heute ein Klavier auf den Kopf fällt, sterbe ich als glücklicher Mensch.

Und deshalb bekomme ich jetzt ein Baby, lasse das mit den Klavieren und werde 150 Jahre alt!

WEHEN UND WEHEN LASSEN

Ich habe seit ein paar Wochen einen neuen Job und arbeite als Texter in einer Werbeagentur. Das Gute an dem Job ist, dass ich ihn habe. Das Schlechte an dem Job ist, dass ich hingehen muss. Gute Leute in einem netten Büro und täglich neue spannende Aufgaben. Das macht Spaß. Die Vorurteile über die Werbebranche scheinen nur zur Hälfte zu stimmen. Die Hälfte, die nicht stimmt, macht den Job besser, als man ihn sich vorstellt. Und die andere Hälfte macht die Sache auch eher lustig und absurd. Irgendwie ist mein Leben kürzlich zweimal links und zweimal rechts abgebogen und hat eine Ecke für mich aufgetan, von der ich nie geahnt hätte, dass ich mich in ihr wohlfühlen könnte. Und die ich alleine auch nie gefunden hätte. Obwohl ich das Weckerpiepsen morgens also nicht ungern höre, wäre ich doch lieber zu Hause bei Lili.

Seit über einer Woche sollten wir Eltern sein. Aber das Leben hält sich an keine Mathematik. Vielleicht hat sie mich deshalb nie interessiert. Wir jedenfalls sind bereit. Die Taschen sind gepackt. Die Adresse des Krankenhauses ist im Navi gespeichert. Das Navi ist geladen. Ich habe zwar keine Ahnung, wo das Navi ist, aber das bekomme ich auch noch raus. Das Krankenhaus weiß Bescheid, dass wir zu zweit kommen und zu dritt gehen werden. Auch für mich ist ein Bett reserviert. Nach der Geburt bleibe ich noch mit im Krankenhaus. Ich hoffe, dass ich mich da eventuell nützlich machen kann. Babys wickeln kann ich. Und meine Liebsten sind ja auch da, was soll ich dann woanders? Auch danach lasse ich mir einen Monat oder eventuell sogar länger Zeit, bevor ich wieder arbeiten gehe. Ich habe Glück, mein neuer Arbeitgeber unterstützt mich da voll.

Lili geht es gut. Die Vorstellung, dass Schwangere irgendwann gar nichts mehr können und nur noch rumlungern wie ein Wal im Trockendock, entspricht in den meisten Fällen nicht der Wahrheit. Lustige Schwangere bleiben gewöhnlich bis zu ihrer Entbindung amüsant. Und aktive Schwangere bis zu ihrer Niederkunft im Einsatz. Lili nimmt die letzten Tage ihrer Schwangerschaft gut gelaunt, mit Spaß und ordentlich Elan.

Ich bin weder hysterisch noch nervös. Eher positiv angespannt. Ich freue mich darauf, dass es endlich losgeht. Klar, ich muss das Kind nicht kriegen. Aber alle Aussagen, die man während einer Schwangerschaft über den körperlichen oder den Gemütszustand der Beteiligten trifft, müssen natürlich IMMER an der Tatsache gemessen werden, dass da jemand schwanger ist. Und dass eine Geburt ansteht. Um das Schwangersein kommt man beim Schwangersein nicht herum. Und um die Geburt schon gar nicht. Ein »Es geht mir gut« ist also immer ein »Ich bin schwanger, und es geht mir gut«. Und wenn ich sage, »Ich freue mich darauf, dass es hoffentlich bald losgeht«, dann weiß ich natürlich, dass es für uns – aber vor allem für Lili – kein Wellness-Wochenende auf einer Hüpfburg wird.

Außerdem wird Männern ja gerne unterstellt, dass sie vor und bei Geburten komplett ausrasten. Ich raste nicht. Ich bin positiv angespannt. Es ist wie bei Auftritten. Ich bin nicht nervös, wenn ich auf eine Bühne muss. Das, was mich vor Auftritten immer hibbelig macht, ist die Vorfreude. Ich will endlich raus. Ich habe keine Lust mehr zu warten. Ich will, dass es jetzt endlich passiert. So ähnlich ist es jetzt auch. Und Lili geht es da nicht anders. Und dem Baby hoffentlich bald auch.

Ich sitze also auf Abruf bei der Arbeit. Der Startschuss-Anruf kann jeden Moment kommen. Er hätte auch letzte Woche schon jeden Moment kommen können. Es kann gleich passieren. Oder morgen. Also tue ich, was ich zu tun habe, und lasse mich nicht irre machen. Warum auch? Nach Monaten als Dümmster im Tal der Dummen bin ich ja jetzt Profi in Bauchsachen. Die hysterischen Anrufe, die ich vor einem halben Jahr noch gestartet habe, bekomme ich jetzt selbst, und die dummen Ratschläge, die ich eingesammelt habe, sind allesamt vergessen. So sorge ich dafür, dass sie auch nicht weitergetragen werden. Ich bin endlich gelassen. Nach neun Monaten Tragezeit weiß ich mehr über Schwangerschaften als die meisten Männer dieser Erde. Und wenn ich bei der ganzen Sache etwas Entscheidendes gelernt habe, dann das: Kinderkriegen ist nicht wie im Fernsehen. Und, keine Angst, auch Geburten sind es nicht! Klar, es gibt Kinder, die im Taxi geboren werden. Aber es gibt auch Frauen, die mit dem Fahrrad zu ihrer Entbindung fahren. Und Zweiteres passiert öfter als Ersteres, das ist mal sicher.

Es ist nicht so, dass Frauen ihre Wehen bekommen, es dann Platsch macht und kurz darauf das Baby vom Laminat aus in die Kamera winkt. Die Menschen laufen nicht die ganze Zeit wild durcheinander und wedeln mit den Armen. Das Gegenteil ist der Fall. Alle sind hochkonzentriert. Jeder weiß, was er zu tun hat, oder versucht es einigermaßen gelassen herauszubekommen. Zwischen den ersten Wehen und der eigentlichen Niederkunft vergehen meist Stunden. Viele Frauen, die ihre Hebamme anrufen, um ihr mitzuteilen, dass die Wehen beginnen, hören als Erstes das Geräusch eines laufenden Wasserhahns. Da lassen sich die Damen auf der anderen Seite der Leitung nämlich erst mal ein gemütliches Bad ein. Schließlich werden die nächsten Stunden eventuell recht anstrengend. Und die Niederkünftige hat ja noch Zeit. Die hat ja gerade erstmal ihre ersten Wehen. Vielleicht fährt man auf dem Weg zum Krankenhaus auch noch beim Fahrradladen vorbei und guckt mal nach einem schönen Geburtstagsgeschenk für den Herrn Gemahl. Oder meldet sich bei der Volkshochschule für einen Kurs im Bauchreden an. So ein bisschen Bauchreden hilft bestimmt, die mitunter angespannte Atmosphäre bei einer Geburt etwas zu entzerren.

Ich sitze bei der Arbeit und texte Headlines für einen Autokatalog. Ich bin auf der Seite angekommen, auf der es darum gehen soll, dass der Wagen nicht nur schneller ist als sein Vorgängermodell, sondern auch mehr Platz im Innenraum hat. Auch der Kofferraum ist größer geworden. Es darf auch ein bisschen lustig sein, aber kein Schenkelklopfer, da ist der Kunde empfindlich. Was den Humor angeht, hätte er gerne »eher *F.A.Z.* als *Bild*«. Auf der Seite mit den Felgen bin ich mit der Überschrift »ALLE RÄDER AUS BODENHALTUNG« schon nicht auf Begeisterung gestoßen. Ist aber auch dämlich. Und konstruiert. Besser fanden sie »JETZT IM AUTOKINO: DIE REIFENPRÜFUNG«. Fand ich auch besser. Aber eher *Bild* als *F.A.Z.* Ich denke nach. Kofferraum. Kofferraum. Aaah.

»KOFFERRAUMFAHRZEUG«.

Das geht doch. Obwohl. Sooo riesig ist der Kofferraum auch nicht. Größer als der alte, aber nicht riesig. Wie wäre es denn damit:

»SCHÖNE EINLADUNG.«

Versteht man das? Kofferraum = Einladung. Da, wo etwas »eingeladen« wird. Wahrscheinlich nicht. Und wie ist die?

»ROLLKOFFER MIT LEDERAUSSTATTUNG.«

Hmm. Die Lederausstattung ist nur optional. Die Headline wäre also in den meisten Fällen gelogen. Außerdem möchte der Kunde bestimmt nicht, dass man sein Auto als Rollkoffer bezeichnet. Vielleicht so:

»GROSSE KLAPPE. VIEL DAHINTER.«

Kann man machen. Aber richtig geil ist's nicht.

»SIEHT LEER GUT AUS. UND MIT LEERGUT AUS.«

Aber das kapiert wieder niemand.

»PASST EIN DELFIN REIN. MUSS ABER NICHT.«

Na ja. Vielleicht ein bisschen zu absurd. Aber jetzt hab ich's!

»LEICHE IM KOFFERRAUM? GEHT JETZT!«

Oder so:

»LEICHE IM KELLER? JETZT MITNEHMEN!«

Haha. Das ist doch lustig. Ich soll darauf achten, dass nichts mit Sex und Religion vorkommt. Von Tod haben sie nichts gesagt.

»ENDLICH PLATZ FÜR DIE LEICHE IM KOFFERRAUM«

Plötzlich klingelt das Telefon. Das erste Mal, seit ich hier arbeite. Woher hat jemand meine Nummer hier?
    »Hallo, ich bin's. Lili.«
    »Hallo.«
    »Ich glaube, du solltest jetzt mal aufhören zu arbeiten und nach Hause kommen.«

»Aha. Ich sollte wohl jetzt mal aufhören zu arbeiten und nach Hause kommen.«

»Genau.«

»Soll ich sehr schnell nach Hause kommen?«

»Nicht sehr schnell. Aber zügig. Und räum deinen Schreibtisch auf. Es wird wohl etwas dauern, bis du das nächste Mal ins Büro kommst.«

Aha. Ich sollte wohl jetzt mal aufhören zu arbeiten und nach Hause fahren. Das wäre wohl jetzt ganz gut. Also mache ich das jetzt mal. Nicht sehr schnell, aber zügig. Kurz noch mal sortieren. Atmen nicht vergessen. Noch mal sortieren. Und dann los. Das war es also jetzt mit Schwangersein. Jetzt kommt der Showdown.

Und dann passiert es. Dann passiert das, wovon ich gehofft hatte, dass es passiert, aber nicht wusste, ob es wirklich so kommt. Und zwar das: Ich werde ganz ruhig.

Ich werde ganz ruhig. Richtig ruhig. Nicht müde. Angespannt ruhig. Und konzentriert. Ich weiß genau, was ich jetzt zu tun habe. Niemand braucht mich jetzt, wenn ich nicht weiß, was ich zu tun habe. Also bin ich ruhig und konzentriert und weiß ununterbrochen, was ich zu tun habe.

Ich schreibe eine letzte E-Mail, packe lächelnd wie ein Yoga-Lehrer meine Sachen, gehe eine letzte Runde. Und dann raus.

In meiner E-Mail steht: »PLATZ FÜR ÜBER 200 SACHEN«.

Ich renne nicht die Treppe runter. Ich renne nicht zum Auto. Ich gehe. Zügig, aber nicht sehr schnell. Ich fahre auch nicht sehr schnell. Aber schnell genug. Ich lade Lili und das Gepäck ein und erkundige mich, ob die Hebamme informiert ist. Die Hebamme weiß Bescheid. Vielleicht habe ich sie eben auch selbst angerufen. Wahrscheinlich sogar. Na ja, gut, dass ich ganz ruhig bin.

Und so folgen wir der sonoren Stimme der Navigationssystemerin und lassen uns gemächlich durch den Verkehr zu unserem Ziel saugen ... Ach nee. Tun wir nicht!

Wir sitzen nicht mal im Auto.

Ich parke eilig den Wagen vor unserer Haustür und renne in die Wohnung. Ein Kuss. Ein Update über den Zustand der wehenden Mutter. Die Zeitabstände zwischen den einzelnen Kontraktionen sind noch okay. Kein Stress! Ich beiße in einen herumliegenden Apfel. Ich werde jetzt die Sachen fürs Krankenhaus unter den einen Arm und Lili unter den anderen klemmen und dann los!

»Äääähhh. Lili? Was machst du da?«

»Ich räume die Waschmaschine aus.«

»Jetzt?«

»Na ja, später geht's ja wohl nicht mehr.«

»Ja, aber ...«

»Holst du mal den Wäscheständer, bitte? Danke!«

Ich hätte es wissen müssen. Ich hätte wissen müssen, dass so etwas passiert. Ich wusste es sogar. Frauen werden immer noch mal kurz verrückt, bevor sie ein Baby bekommen. Ich wusste das, ich hatte es nur kurz vergessen. Und so stehen wir da. Wehend. Und hängen tropfnasse Tennissocken und andere Geschmacklosigkeiten aus meiner Feinrippschublade über das Drahtgespann unseres kaputten Wäscheständers. Und die ganze Zeit denke ich nur eins:

»Hoffentlich fängt die jetzt nicht auch noch an zu bügeln.«

WAS FRAUEN MACHEN, WENN SIE ES EILIG HABEN, WEIL SIE GLEICH EIN BABY BEKOMMEN

Das größte Wunder am Wunder der Geburt ist die Tatsache, dass sie überhaupt stattfindet. Frauen haben nämlich in dem Augenblick, in dem sie ihr Kind bekommen, meist etwas anderes zu tun. Mit dem Einsetzen der Wehen fährt nicht nur ein unerträglicher Schmerz in die zu Entbindende, sondern auch noch eine Art teuflische Nachwehe des Nestbaus. Plötzlich hat sie – im komplett falschen Augenblick – das Gefühl, dringend noch etwas erledigen zu müssen. Was sie noch erledigen zu müssen meint, ist je nach Frau verschieden, aber immer völlig überflüssig.

Meine Mutter beispielsweise hat bei einer ihrer Geburten nach Einsetzen der Wehen erst einmal angefangen, die Gardinen abzuhängen. Und wofür? Um sie anschließend auch noch zu waschen. Die Sinnhaftigkeit einer Leiterbesteigung im neunten Schwangerschaftsmonat ist natürlich generell fragwürdig. Vor allem wird eine solche Aktion aber auch durch einsetzende Wehen nicht sinnvoller. Meiner Mutter war das egal. Sie wollte es schön haben, wenn sie aus dem Krankenhaus wiederkommt. Was sie mir nie erzählt hat, ist, wer die Gardinen anschließend aus der Waschmaschine geholt und wieder aufgehängt hat. Aber ich vermute mal, das war auch sie.

Ähnlich ging es meiner Bekannten Alexa. Als ihr klar wurde, dass ihre anschwellenden Unterleibsschmerzen ihr offensichtlich sagen wollten, dass sie sich genau JETZT auf den Weg machen muss, wenn sie ihr Kind im und nicht vor dem Krankenhaus bekommen möchte, empfand sie das als schönen Anlass, sich erst mal hinzusetzen und sich hübsch die Fingernägel zu lackieren. Dass Nagellack und Schwangerschaft angeblich nicht die besten Freunde sein sollen, war ihr dabei völlig schnuppe. Und fragt man sie, schwört sie, dass sie bis heute niemals mehr so schön lackierte Fingernägel hatte wie an diesem Tag.

Eine alte Freundin von mir soll der Mär nach den großen Augenblick genutzt haben, um das herausgezogene Band einer VHS-Videokassette mit Hilfe eines Eddings wieder reinzudrehen. Diese VHS-Videokassette lag damals bereits seit über drei Jahren mit heraushängender Zunge auf ihrer Anrichte. Ein VHS-Video-Abspielgerät dagegen hatte sie da schon seit einem Jahr nicht mehr.

Laut einer persönlichen Schätzung werden rund 7 % aller IKEA-Regale von Frauen zusammengebaut, die sich gerade auf dem Weg zu ihrer Entbindung befinden. Auch das Abschleifen von Holzfußböden und die Gestaltung kleiner Deckenfresken gehören zu den Aufgaben, mit denen sich Gebärende gerne etwas für die Erstausstattung dazuverdienen.

Dass es Menschen geben soll, die sich Hochschwangere als Haushaltshilfen halten, nur um sie im geeigneten Moment für die Komplettsanierung ihrer gesamten Wohnung zu missbrauchen, halte ich dagegen für ein Gerücht.

Wenn auch für eins, das durchaus wahr sein könnte.

KEINE RUNDE SACHE

Der Rote Blitz bringt uns sicher durch die Stadt. Wir parken ihn im Parkhaus und laufen ein kleines Stück zur Klinik. In der Mitte zwischen den einzelnen Häusern der verschiedenen Abteilungen befindet sich ein Grünstreifen mit kleinen Bänken. Hübsch hier. Kein Paradies. Ein Krankenhaus. Aber nett. Wir fahren in die vierte Etage und checken ein. Unsere Hebamme Roswita hatte uns schon angekündigt und erwartet uns bereits. Sie zeigt uns unseren Kreißsaal. Ein Kreißsaal ist ungefähr so rund wie ein Zauberwürfel. Unser Kreißsaal ist besonders eckig. Er sieht aus wie ein leerer Schuhkarton mit einem Bett drin. Allerdings ein sehr großer leerer Schuhkarton mit einem recht großen Bett drin. Und mit einer langen Fensterfront. Nett! Da können einem die Vögel und Koalas beim Gebären zusehen. Oder die Fluggäste vorbeifliegender Boeings. Lilis Bett steht im hinteren Bereich des Zimmers und ist so aufgestellt, dass sie in den ganzen Raum hinein und zur Linken auch die Vögel und Koalas sehen kann. Letztere scheinen in diesem Jahr allerdings in Australien zu überwintern. Die vordere Hälfte des Zimmers ist immerhin noch so groß, dass man hier eine kleine Besuchertribüne für zwölf bis fünfzehn Personen einrichten könnte. Aber eine Tribüne gibt es nicht. Eigentlich gibt es hier gar nichts. Ein großes Waschbecken. Ein Bett. Einen Hocker. Einen Stuhl. Und viel Nichts.

Ich bin ein wenig enttäuscht. Okay, dass Kreißsäle nicht rund sind, hätte ich mir angesichts eines bestandenen Abiturs und jeder Menge konsumierter *Scrubs*-Folgen schon denken können. Aber ich hatte mir mehr einen OP-Saal mit hochmodernem blinkendem technischen Equipment vorgestellt. Eine Kommandobrücke wie bei *Raumschiff Enterprise*, nur in Weiß. Und immer würden Dr. House und Meredith Grey hinter mir herlaufen und sagen: »Nein, Herr Yeti, bitte nicht an den Schaltern spielen. Sonst gehen die Fernseher aus, und wir sind alle weg.« Aber hier gibt es kein technisches Equipment. Und Ärzte gibt es hier auch nicht. Wird es hier auch nicht geben. Ärzte haben bei Entbindungen nämlich nichts zu suchen, nichts zu tun und nichts zu sagen. Babys werden von Hebammen und Geburtshelfern (noch so ein schönes selbsterklärendes Wort) geholt. Ärzte dürfen bei so etwas gerne zugucken. Oder derweil mit den Krankenschwestern schäkern. Aber richtig was zu tun bekommen sie erst, wenn das Baby draußen ist und geguckt werden muss, ob es schon 18 ist und den Führerschein machen darf.

Lili zieht sich um. Sie bekommt ein weißes Nachthemd an. Wie Linda Blair in *Der Exorzist*. Ich darf bleiben, wie ich bin. Wahrscheinlich denken die hier, dass meine Nerven das eh nicht mitmachen, und lassen mich die Klamotten anbehalten, damit ich mich später nicht ein zweites Mal umziehen muss, wenn ich wieder nach Hause fahre. Wenn die wüssten! Lili wird noch mal untersucht. Eigentlich wird das Baby untersucht. In einem Extra-Raum schaut eine Ärztin, wie groß und schwer es ist und ob es schon so liegt, als würde es rauswollen. Tut es! Dann dürfen wir zurück in den Kreißsaal. Um 14.00 Uhr habe ich den Anruf bei der Arbeit bekommen. Jetzt ist es vier. Und wir sind da. Wir haben nichts zu tun. Alle paar Minuten bekommt Lili Wehen. Aber das ist gleich vorbei, denn schon kommen die Jungs mit der PDA.

Aber ich glaube, ich erkläre erst mal kurz die Basics.

Eine Standardgeburt funktioniert in etwa so: Frauen bekommen Wehen. Das tut weh. Deshalb heißen sie so. Eine Wehe ist eine Muskelkontraktion der Gebärmutter. In der Gebärmutter wohnt das Baby. Die Wehe bringt das Baby in Bewegung und langsam, *peu à peu* (in Köln »pö a pö«) in Richtung Ausgang. Stärke und Frequenz der Wehen nehmen im Lauf der Geburt zu. Das heißt, die bescheuerten Schmerzen werden nicht nur immer stärker, sondern kommen auch noch immer öfter. Ich spare mir an dieser Stelle einen weiteren offenen Brief an Herrn Gott. Ich glaube, er weiß schon, dass er an dieser Stelle mal wieder ordentlichst gepatzt hat.

Drei Hindernisse hat das Baby auf seiner Reise zu überwinden. Die Fruchtblase, in der es schwimmt. Den Muttermund. Und das, was die meisten von uns schon mal von außen sehen konnten und unsere Eltern »die Scheide« und Charlie Harper sein »Wohnzimmer« nennt. Wir nennen es hier jetzt mal Vagina.

Die Fruchtblase platzt einfach irgendwann. Das ist eine Riesensauerei, geht aber ohne großartige Schmerzen vonstatten.

Dann kommt der Muttermund. Das ist das zentrale Thema bei einer Geburt. Der muss sich öffnen. Nur wenn der richtig geöffnet ist, kann das Baby da durch. Die Wehen helfen dabei. Aber dass der Muttermund richtig schön »Aaaa« macht, hängt auch von psychischen und hormonellen Faktoren ab. Ist die Gebärende entspannt und fühlt sich wohl, dann entspannt sich auch ihr Muttermund. Logisch. Eine entspannte Geburt vollzieht sich in der Regel dann auch schneller. Ebenfalls logisch. Leider fällt es Frauen, die unter unerträglichen Schmerzen leiden und vielleicht auch noch ihren bescheuerten Freund dabei haben, der nervt, oft schwer, sich zu entspannen. An dieser Stelle ist das Vorhaben der Geburt an Sinnlosigkeit kaum noch zu übertreffen.

Am Ende muss das dicke Baby dann noch die Vagina passieren. Dass die für den täglichen Einsatz als Ausgang für deutlich kleinere Dinge und als gelegentlicher Eingang für möglichst auch nicht so riesige Dinge designt wurde, wird der werdenden Mutter dann mit weiteren schlimmen und meiner Meinung nach völlig überflüssigen Schmerzen vorgeführt.

Sind diese drei Hürden genommen, kann das Baby endlich zu seinen Eltern krabbeln. Und die haben dann endlich genügend Leute für eine Skatrunde zusammen. Bis dahin ist es aber ein langer und schmerztreibender Weg. Dass bei diesem unangenehmen Prozedere doch noch so etwas wie romantische Atmosphäre aufkommt, dafür kann eine PDA sorgen.

Die PDA heißt mit vollem Namen Periduralanästhesie. Bei der PDA wird ein Lokalanästhetikum in den sogenannten spinalen Periduralraum der Wirbelsäule injiziert. Also eine dicke Nadel in den Rücken. Und die bleibt dann auch dort. Man hat dann quasi einen kleinen Schlauch aus sich heraushängen, der einen genauso *peu à peu*, wie die Wehen kommen, mit Schmerzmitteln beglückt. Die sorgen dann dafür, dass man in der unteren Hälfte des Körpers nicht mehr so viel von dem ganzen Horror mitbekommt. Und wenn es richtig gut läuft, dann kann man die Geburt seines eigenen Babys vielleicht sogar so schön und entspannt miterleben, als würde sie im Fernsehen laufen.

Etwa 20 bis 30 Minuten nach der Punktion setzt die schmerzausschaltende Wirkung ein. Und genau hier hängt der Haken bei der Sache. Entschließt man sich während seiner Geburt spontan und unter unerträglichen Schmerzen, eine PDA setzen zu lassen, ist das vielleicht schon zu spät und die schmerzlindernde Wirkung setzt erst ein, wenn die Geburt schon vorüber ist. Entschließt sich das Baby am Ende sogar, gar nicht herauszukommen und via Kaiserschnitt geholt werden zu wollen, ist es schon zu spät, sich schnell mal eine PDA setzen zu lassen. Da muss man dann zu härteren Geschützen greifen. Geschütze, die das Baby noch doofer findet als jede PDA.

Auf der anderen Seite lässt man sich vielleicht vorsorglich eine PDA setzen, und dann ist die ganze Sache am Ende gar nicht so schlimm. Dann war das alles umsonst, und man ist ein unnötiges Risiko eingegangen. Denn so eine Nadel in die Wirbelsäule zu stecken, das muss ja nicht immer gut ausgehen. Und Babys finden PDA ja auch nicht gut. Außerdem gibt es Frauen, die MÖCH-

TEN den Schmerz spüren, weil dieser Teil einer natürlichen Geburt ist.

Lili will eine PDA. Das war für sie immer schon klar. Genauso klar wie dass sie ihr Baby in einem Krankenhaus bekommen will. Früher sah sie das anders. Aber vor ein paar Jahren bekam ihre Freundin Sofie ihr Baby ohne PDA. Sofie ist tough. Und hartnäckig. Und wenn sie sich mal etwas in den Kopf gesetzt hat, dann zieht sie es auch durch. Eine PDA kam für sie überhaupt nicht in Frage. Sie wollte ein Kind bekommen, und sie wollte dabei sein, wenn es passiert. Seitdem erzählt man sich immer wieder unter schallendem Gelächter die Geschichte – und am liebsten macht Sofie das selbst –, wie sie in den Wehen lag und das ganze Krankenhaus zusammenschrie. Nur schrie sie nicht »Aua Aua«, sondern als Mantra verschiedene Variationen der Sätze »Jetzt gebt mir endlich diese verfickte PDA! Ich will sofort diese beschissene PDA!! Kann jetzt endlich mal jemand kommen und mir diese Scheeiiiiß-PDA setzen???!!!«

Lili hat keine Lust, das Krankenhaus zusammenzuschreien. Wenn es sein muss, macht sie es gerne. Aber wenn es nicht sein muss, dann auch gerne nicht. Viel mehr als um Schmerz geht es ihr um Sicherheit. Sie will sich, so gut es geht, auf die Sache konzentrieren und vorgesorgt haben, falls etwas schiefläuft. Ganz meine Meinung! Zwei Anästhesisten gesellen sich zu uns und beraten uns noch einmal kurz zum Thema PDA. Dann macht man Lili den Rücken frei, und Roswita fragt mich, ob ich gern den Raum verlassen möchte.

»Soll ich?«

»Du musst nicht.«

»Aber warum sollte ich dann?«

Roswita überlegt kurz. Dann holt sie für ihre Verhältnisse beeindruckend weit aus.

»Gefällt es dir hier?«

Ich gucke in den leeren Schuhkarton mit Bett.

»Hmm. Ist okay.«

»Früher war es hier mal hübscher. Da vorne in der Ecke stand zum Beispiel mal eine Stehlampe. Die hat ein Vater umgerissen. Als er in Ohnmacht fiel, während er zusehen wollte, wie man seiner Frau eine PDA setzte. Und hier vorne war mal eine Sitzecke mit einem Glastisch. Der Glastisch war vielleicht nicht unsere beste Idee. Da ist uns dann mal ein Mann reingefallen. Den Mann wieder zusammenzuflicken war mehr Arbeit als die eigentliche Geburt. Von der er natürlich nichts mehr mitbekommen hat. Der war ja in der Notaufnahme. Die Sessel haben wir dann weggeräumt. Eine Sitzecke ohne Tisch fanden wir doof.«

Netter Vortrag. Und der Situation absolut angemessen. Was Roswita allerdings nicht weiß: Ich bin genau der Kandidat, der beim Blutabnehmen gerne mal in Ohnmacht fällt. Ich habe zwar ordentlich an mir gearbeitet und lasse mir seit zwei Jahren auch im Sitzen Blut abnehmen. Aber ich habe bei Ärzten auch schon viel Zeit liegend verbracht. Und das nicht, weil ich müde war. Wenn Roswita das gewusst hätte, hätte sie sich den Vortrag gespart und mich einfach vor die Tür gesetzt. Hat sie aber nicht!

Was sie aber auch nicht weiß: Ich habe zwar Panik vor Spritzen, die man mir in den Körper rammen will. Und ich habe dieselbe Panik vor Spritzen, die im Fernsehen in den Körper von jemandem gerammt werden sollen. Da gucke ich dann lieber in meine Handinnenflächen. Aber aus irgendeinem nicht erklärbaren Grund habe ich keine Panik vor medizinischen Eingriffen, die an anderen Menschen live und vor meinen Augen vorgenommen werden. Mir im Fernsehen eine Geburt anzugucken ist totaler Terror. Aber einmal in der Woche in der Mittagspause bei einer Geburt zu hospitieren, das fände ich schön. Natürlich ist das eine psychische Fehlfunktion. So wie mein Augenzucken. Oder mein

Aufräumfimmel. Oder mein zwanghaftes Bedürfnis, Schutzfolie abzureißen. Oder Schaufensterpuppen an die Brüste zu fassen. Aber heute werde ich davon profitieren. Yeah!

»Na, wenn der Tisch eh kaputt ist, kann ich ja auch bleiben.«

Lili bekommt die PDA gesetzt, und ich schaue zwischendurch sicherheitshalber aus dem Fenster und halte Ausschau nach Koalas.

Und dann liegen wir da. Im Schuhkarton. Das heißt, Lili liegt, und ich sitze. Meistens sind wir alleine. Ab und an schaut Roswita vorbei und erkundigt sich nach Lilis Wohlbefinden. Dann überprüft sie mit beherztem Griff, wie weit Lilis Muttermund schon geöffnet ist. Und kommentiert das dann mit Sätzen wie »Na, das sieht ja schon ganz gut aus« oder: »Langsam wird's. Langsam wird's!«

Lilis Wehen kommen jetzt immer öfter. Lili kriegt davon nichts mit. Sie liest die *Gala*. Sie liegt gemütlich auf der Seite und studiert Trash-Magazine. Ich sitze vor dem Bett und studiere Lili. Und den Fahrtenschreiber, der hinter ihr steht. Vor einigen Stunden hat Roswita endlich doch etwas Elektro-Schnickschnack hereingeschoben und neben dem Bett aufgebaut. Die Maschine heißt Tokograph und ist ein Wehenschreiber. Ich nenne ihn Fahrtenschreiber. Nicht weil ich lustig sein will. Sondern weil ich's mir traurigerweise besser merken kann als Wehenschreiber. Lili interessiert die Maschine nicht. Sie schreibt SMS.

»Du hast Wehen.«

»Hab ich nicht.«

»Doch. Sehe ich doch.«

»Wo siehst du das?«

»Da. Auf dem Fahrtenschreiber.«

»Stimmt. Ich merke nichts.«

»Gar nichts?«

»Nee. Gar nichts.«

Dann liest Lili weiter. Oder sie telefoniert. Oder beides. Und ich laufe rum und mache Handy-Fotos von Lili, wie sie liest oder telefoniert. Oder beides. Ich frage mich, ob die Menschen, mit denen sie telefoniert, überhaupt wissen, dass sie gerade ein Kind bekommt. Und ob Lili weiß, dass man in Krankenhäusern nicht mit Handys telefonieren darf. Und dann kommt Roswita wieder vorbei und stellt fest, dass der Muttermund jetzt 6 cm oder 8 cm geöffnet ist. Und das alles gut ist. Und dann verschwindet sie wieder.

»Du hast wieder Wehen.«

»Aha. Gut.«

Lili kriegt mittlerweile schon seit sieben oder acht Stunden ein Kind und liest Zeitung. Zu behaupten, dass uns langweilig wäre, trifft nicht den Kern der Sache. Aber ereignisreich ist das Ganze auch nicht. Roswita setzt sich zu uns und wird plauderig. Sie und ihr Mann mögen Kreuzfahrten. Darauf sparen sie immer hin, und das sind dann immer ganz besondere Wochen für sie. Meine Schwester war auch schon mal auf einer Kreuzfahrt. Das ist alles, was ich zu dem Thema beizutragen habe, und ich trage es bei. Lili war auch schon mal auf einer Kreuzfahrt und fand es scheiße. Das behält sie aber für sich. Ich würde gerne mal eine Kreuzfahrt machen. Ehrlich gesagt würde ich natürlich NICHT gerne mal eine Kreuzfahrt machen. Nicht im klassischen Sinne jedenfalls. Nicht als Urlaub. Also, ich würde nicht dafür sparen, um dann irgendwann mal auf einer mitfahren zu können. Aber ich stelle mir die Aktion Kreuzfahrt so absurd und weltfremd vor, dass, wenn mich jemand bei einer auf die Gästeliste schreiben würde, ich auf jeden Fall den nötigen Humor besäße, um mich dort dumm und dusselig zu amüsieren. Ich war auch schon mal auf einer Modenschau für Damensocken. Da hat man nur die Füße von den Models gesehen. Da wollte ich auch nicht hin. Aber im Nachhinein bin ich froh, dass ich das mal erleben durfte.

Lilis Muttermund ist jetzt 10 cm weit geöffnet. Jetzt könnte das Baby rauskommen. Tut es aber nicht. Wahrscheinlich liegt es gemütlich in Lili und liest auch Zeitung. Oder telefoniert. Oder beides. Roswita will wissen, ob ich nachher die Nabelschnur durchschneiden möchte. Das macht normalerweise der Vater. Wenn er will. Will ich aber nicht. Ich musste mal einen Fisch ausnehmen. Und obwohl ich keine Probleme damit habe, Fische zu essen und sie mit Kopf und Augen auf dem Teller liegen zu haben, fand ich das Ausnehmen ganz schrecklich und es hat mich wahnsinnige Überwindung gekostet. Ich möchte nicht an etwas Lebendem mit einer Schere herumschneiden. Oder an etwas, das wie lebend aussieht. Und ich möchte auch nachher die Plazenta nicht mit nach Hause bekommen. Und sie noch weniger in den Tiefkühler legen und dann irgendwann essen. Ich weiß, dass Leute das machen. Ich kenne sogar Leute, die das gemacht haben. Aber ich mache das nicht. Und Lili macht das schon gar nicht. Vor allem, weil sie weiß, dass bei uns im Tiefkühlfach gar kein Platz mehr ist.

Nachdem Lilis Muttermund schon seit einer Stunde weit geöffnet ist und sich das Baby bezüglich seiner Ankunft immer noch geschlossen hält, klärt Roswita uns darüber auf, dass man nur eine gewisse Zeit in diesem Zustand verbringen kann. Was eigentlich ein Ausgang sein soll, wird sonst irgendwann zu einem Eingang. Und zwar für Viren und Bakterien. Wenn die Wehen jetzt nicht stärker werden, muss man das Kind holen. Roswita verlässt noch mal den Raum. Noch ist es nicht so weit. Aber wir spüren, wie es langsam sehr dunkel wird in unserem ohnehin nur spärlich beleuchteten Karton. Wir schweigen. Langsam rücken wir durch den Raum hindurch aneinander – ohne uns in Wirklichkeit zu bewegen. So weit, bis wir uns ganz nah sind. Wir drücken unsere Ängste aneinander, in der Hoffnung, dass sie so weniger werden. Wir sind nicht mehr ausgelassen, aber wir bleiben heiter. Wir sind angeschlagen, aber wir lächeln. Und wir sind zu zweit.

Nach einer weiteren Stunde will Roswita das Kind holen lassen. Sie fragt Lili, ob sie bereit und mit dieser Entscheidung einverstanden ist. Lili denkt nicht nach. Natürlich ist sie das. Dafür ist sie hier. Lili richtet sich auf. Und plötzlich sieht sie aus, als hätte sie 24 Stunden geschlafen, kurz geduscht und schnell ihren Kampfanzug übergezogen. Endlich kann sie etwas tun. Endlich tut sich was. Endlich kann sie so beherzt an die Sache rangehen, wie sie eben ist. Sie lässt sich jetzt ihren Bauch aufschneiden und, so schnell es geht, ihr Baby da rausholen. Genau dafür hat sie sich eine PDA setzen lassen – damit sie vorbereitet ist, wenn etwas schiefläuft. Und genau deshalb wollte sie ihr Baby in einem Krankenhaus bekommen – damit sie jetzt jemanden hat, der sich um sie und um die Kleine kümmert. Und genau deshalb wollte sie eine Hebamme haben, die nicht kuschelt, sondern anpackt und Entscheidungen trifft, wenn es nötig ist. Und wenn jemand, der mit einer solch rasenden Leidenschaft Kinder auf die Welt bringt wie diese Frau, ankündigt, das Zepter an ein Ärzteteam weiterzugeben und sich in die zweite Reihe zu stellen, dann weiß man, was zu tun ist. Plötzlich ergibt alles Sinn. Auch wenn es scheiße ist, ergibt es doch Sinn.

Lili und ich werden getrennt. Was mit mir passiert, weiß ich nicht. Lili wird in den OP-Saal geschoben. PDA ab. Rübergeschoben. Und im OP wieder angeschlossen. Die Schmerzmittelzufuhr wird dem bevorstehenden Eingriff angepasst und Lili für die OP vorbereitet. Eine Schwester holt mich ab. Sie scheint zu denken, dass ich nervös bin, und redet blödsinniges Zeug, um mich abzulenken. Das macht mich nervös. Sie führt mich in eine Schleuse. Ich ziehe mich bis auf die Unterhose aus und soll mir dann einen Arztkittel und ein paar passende Schuhe aussuchen. Die Schwester redet weiter dummes Zeug.

»Was für einen Doktornamen hätten Sie denn gerne?«

»Einen was?«

»Einen Doktornamen! Denken Sie sich einen aus. Wir müssen Sie doch im OP irgendwie ansprechen. Wie wäre es mit Dr. Bob?«

O Gott! Was will die von mir? Die Frau ist irre. Die frisst den Patienten bestimmt die ganzen Drogen weg und masturbiert mit dem Defibrillator. Kommt die etwa mit in den OP? Hat die irgendeine Funktion hier? Angst. Angst. Angst. Die ist doch total gefährlich. Schnell raus hier und ab in den OP. Aber die Schwester hält mich auf.

»Wollen Sie eine Brille?«

»Eine Brille? Wofür?«

»Einfach so. Sieht cool aus. Hier!«

Und während ich mich an ihr vorbeidränge, setzt mir Schwester Wahnsinn tatsächlich eine Kunststoff-Schutzbrille auf. Eine Brille, von der ich nicht weiß, ob man sie bei einer Operation ernsthaft trägt oder ob sie mit Anthrax vergiftet ist und mein Leichnam gleich zurück in die Schleuse gezogen und von der *Psycho Nurse* in tausend Stücke gehackt wird. Ich betrete den OP-Raum, orientiere mich kurz und versuche, nichts umzurennen. Roswita kommt auf mich zu.

»Was hast du denn da für eine Brille auf?«

»Die hat mir die Schwester aufgesetzt. Ich weiß nicht, wofür ich sie brauche.«

Wütend reißt mir die resolute Hebamme die Brille vom Gesicht und klatscht sie auf den Boden. Nicht in den Müll. Nicht in eine Schublade. Einfach mit heftiger Wucht auf die weißen Kacheln. Dann kickt sie sie verärgert zur Seite und führt mich an meinen Platz.

Ich gebe Lili einen Kuss auf die Stirn. Sie freut sich. Dass sie für so was noch Nerven hat. Sich zu freuen, dass sie einen Kuss bekommt. Ich bewundere sie. Und ab jetzt mache ich das ununterbrochen. Sie ist meine neue Lieblingssuperheldin. Zurückhaltend sondiere ich die Lage. Lili liegt. Ich stehe neben ihrem Kopf. Bei uns sitzt ein netter Anästhesist vor seiner Maschine. Die Ärzte haben Lili einfach das Nachthemd bis zur Brust hochgezogen und in einen Rahmen gespannt. So sehen sie alles und wir nichts. Das heißt: Noch sehe ich alles! Im Stehen kann ich über das Tuch hinwegblicken und die Vorbereitungen beobachten. Das Team begrüßt mich ausgelassen und schiebt mir einen Stuhl unter den Po. Jetzt sehe ich nur noch die Köpfe und Schultern. Das Team besteht aus vier oder fünf Personen und macht eher den Eindruck, als würde es gerade eine Bowle ansetzen oder ähnlich amüsante Party-Vorbereitungen treffen, als gleich einer Frau den Bauch aufzuschneiden. Sie machen kleine Späße und ... ich fasse es nicht und setzte mich ein zweites Mal auf den Stuhl, auf dem ich bereits sitze: Lili spaßt zurück! Dann geht alles ganz schnell. Ein Arzt erkundigt sich noch mal, ob es losgehen kann oder jemand etwas Besseres vorhat. Lili antwortet so etwas wie dass sie ja eh grad da sei und dass man die Gelegenheit ja nutzen könne, um das Baby rauszuholen. Und dann machen sich alle an ihr Handwerk.

Eine Kaiserschnitt-OP dauert nicht lange, scheint aber für die Ärzte eine eher physische und kräfteraubende Arbeit zu sein. Eine Ärztin hängt sich im wahrsten Sinne des Wortes richtig rein und arbeitet mit ihrem ganzen Körper und all ihrer Kraft, um an Lili etwas zu bewegen. Was genau sie tut, sehe ich nicht. Aber ich sehe ihren hochroten Kopf, ihre pochenden Schläfen und wie sich mehr und mehr Schweiß auf ihrer Stirn bildet. Sie hält kurz inne. Eine Krankenschwester trocknet ihr das Gesicht. Die Ärztin bedankt sich und arbeitet dann mit angestrengtem Gesicht weiter. Lili ist ruhig. Sie ist wach. Und sie spricht mit mir. Sie fühlt keinen Schmerz. Aber sie spürt, wie an ihr gedrückt und gezogen und ihr Körper hin und her bewegt wird. Es ist schrecklich unangenehm. Und jetzt merkt man auch ihr die Anstrengung an. Zehn Monate lang war sie fokussiert auf diesen Moment und hat alle Kräfte mobilisiert, um uns drei sicher hierhin zu bringen. Sie hat ihre Ängste in Schach gehalten, ihre Unsicherheit weggesperrt und den Druck auf ihren Schultern mit aufrechtem Gang und gehobenem Blick durch die Tage getragen. Und jetzt bringt sie das Baby nach draußen, in die Sonne und dann nach Hause, zu uns, wo wir es lieben und lieben werden, wie wir nichts im Leben je geliebt haben.

Lili dreht sich von mir weg. Sie hebt den Kopf und sieht hinter mich. Ich drehe mich um und fühle, wie mein Herz zerspringt. Es ist null Uhr siebzehn.

Sunny schaut uns an. Mit geschlossenen Augen. Wir haben kaum bemerkt, dass sie schon da ist. Jemand hält sie uns hin. Wir staunen sie an, und sie staunt zurück. Und dann überschüttet sie uns mit Glück. Haufenweise Glück. Mehr Glück, als je ein Mensch zu sehen bekam. Und wir weinen. Und sie auch. Und dann verabschiedet sie sich wieder. »Nur kurz«, sagt sie. »Ich möchte wissen, ob es mir gut geht.«

Und wir sind nicht traurig. Weil wir auch wissen wollen, ob es ihr gut geht.

Und dann geht sie kurz.

Und bleibt dann für immer.

NACHGEBURT

Sunny ist bei den Ärzten. Roswita bei Sunny. Lili wird wieder zugenäht. Und ich bin bei Lili. Aber nur eine Weile. Dann werde ich zurück in den Kreißsaal geschickt.

Dunkel ist es hier. Und ruhig. Die Deckenbeleuchtung ist ausgeschaltet. Die Lampe am Bett auch. Es brennt nur eine Art Heizstrahler über dem großen Waschbecken. Ich ziehe mich um.

Während ich in meine Tennissocken steige, frage ich mich, wie das hier wohl jetzt weitergeht. Alle haben zu tun. Und um mich kümmert sich niemand. Das finde ich gut. Wenn sich niemand um mich kümmert, dann kümmern sich alle um Sunny und Lili. Aber um wen kümmere ich mich jetzt? Ich ziehe meine Tennissocken besonders langsam an, damit ich länger etwas zu tun habe.

Ich fühle mich beseelt und ganz frei im Kopf. So wie wenn man stundenlang geheult hat und danach zwar abgekämpft, aber total klar im Kopf ist. Wie wenn der ganze Rotz aus einem raus ist. Ich denke an Lili. Ob sie wohl schläft? Ich denke an Sunny. Was sie wohl macht? Lili wird nach der OP in einen Aufwachraum auf einer anderen Etage gebracht. Das weiß ich. Aber wohin bringen sie Sunny? Dann öffnet sich die Tür.

Roswita kommt rein, mit einem Päckchen im Arm. Ich erkenne das Päckchen. Es ist winzig und aus Glück gemacht. Roswita gibt mir Sunny in die Hand, und ich versuche mich auf den Beinen zu halten. Ich rieche an meinem Baby und lasse mich sicherheitshalber auf den Stuhl gleiten. Roswita schaltet den Heizstrahler höher und lässt Wasser in das große Waschbecken ein.

»Jetzt wird gebadet!«

Sie nimmt Sunny, legt sie auf die Ablage neben dem Waschbecken und packt sie aus. Dann badet sie mein winziges Baby und erklärt mir genau, wie das geht. Sie zeigt mir, wie man ein Baby richtig hält, wie warm das Wasser sein darf, und womit man Babys überhaupt wäscht. Klar. Ein Baby baden, das kann man nicht einfach automatisch. Das ist nicht angeboren. So etwas muss man sich zeigen lassen. Und das ist vermutlich nicht das Einzige, was ich jetzt zu lernen habe. Und plötzlich macht es »POP« in meinem Kopf, und ich bekomme eine Ahnung davon, wie es jetzt weitergeht. Es ist nicht vorbei! Es ist noch lange nicht vorbei. Es geht weiter! Meine Schlaubergerzeit als erster laufender Schwangerschafts-Almanach ist beendet. Finito! Und jetzt bin ich wieder der Dumme unter all den Schlauen. Der Dumme unter all denen, die schon Kinder haben. Der Dumme unter all denen, die schon mal ein Buch darüber gelesen oder geschrieben haben. Ab jetzt mache ich alles wieder zum ersten Mal und falsch. Jeden Tag. Und anscheinend fange ich auch gerade schon damit an. Das zumindest behauptet Roswita.

»Willst du nicht mal ein Foto machen? Hast du etwa keinen Fotoapparat dabei? Was bist du denn für ein Vater? Dein Kind wird zum ersten Mal gebadet, und du machst keine Fotos?«

Wie immer tue ich, was die resolute Hebamme von mir verlangt. Sunny wird gebadet, abgetrocknet, gewickelt, in ein weißes Jäckchen gepackt und in eine gelbe Decke eingerollt. Und ich fotografiere. Lieber würde ich Sunny jetzt baden, abtrocknen, wickeln, in ein weißes Jäckchen packen und anschließend in eine gelbe Decke einrollen. Aber das darf ich nicht. Das scheint jetzt und zum letzten Mal Roswitas Job zu sein. Also lasse ich ihn ihr. Und dann geht sie nach Hause.

Und lässt mir Sunny.

NULL UHR EINUNDFÜNFZIG

Sunny und ich setzen uns. Es ist immer noch dunkel. Und immer noch ruhig. Wir halten uns fest und riechen aneinander. Lili fehlt uns. Noch eine Stunde, dann gehen wir zu ihr runter und wecken sie.

Sunny und ich sitzen. Wir haben nichts zu tun, außer uns zu haben. Und so haben wir uns.

Einmal laufen wir kurz durch den Raum. Um zu gucken, ob wir das zusammen schon schaffen. Es ist ganz leicht. Wir ruhen uns kurz aus und laufen dann noch eine Runde.

Und dann ruhen wir uns wieder aus.

Und so sitzen wir da. Allein in einem dunklen Raum. Und niemand spricht. Und das große Glück macht sich Platz und schiebt die Wände weit von uns weg. Sunny leuchtet. Sie liegt in meinem Arm und leuchtet. Gelb und warm. Und je größer der Raum wird, desto mehr Luft bekomme ich zum Denken. Und ich denke. Und ich denke. Und ich denke.

Und plötzlich wird mir klar: ... Das war meine letzte Pubertät.

Jetzt bin ich ein Mann.